귀농, 귀촌 그리고 도시농부를 위한
9가지 농사 비법

호미 한자루 농법

호미 한자루 농법
귀농, 귀촌 그리고 도시 농부를 위한 9가지 농사 비법

ⓒ 안철환 2016

초판 1쇄	2016년 9월 26일
초판 6쇄	2025년 8월 11일

지은이	안철환

출판책임	박성규	펴낸이	이정원
편집주간	선우미정	펴낸곳	도서출판 들녘
편집	이동하·이수연·김혜민	등록일자	1987년 12월 12일
디자인	조예진	등록번호	10-156
마케팅	전병우	주소	경기도 파주시 회동길 198
멀티미디어	이지윤	전화	031-955-7374 (대표)
경영지원	나수정		031-955-7389 (편집)
제작관리	구법모	팩스	031-955-7393
물류관리	엄철용	이메일	dulnyouk@dulnyouk.co.kr

ISBN	979-11-5925-189-4 (14520)
	978-89-7527-160-1 (세트)

값은 뒤표지에 있습니다. 잘못된 책은 구입하신 곳에서 바꿔드립니다.

귀농, 귀촌 그리고 도시농부를 위한
9가지 농사 비법

호미 한 자루 농법

글 안철환

들녘

들어가는 말

"에이, 시골 가서 농사나 짓지, 이게 무슨 고생인가." 불과 몇십 년 전까지만 해도 사람들은 도시 생활이 힘들면 이렇게 말했다. 말 그대로 해석하면 농사짓는 사람 입장에선 기분 나쁠 일이다. 농사를 무슨 개나 소나 다 짓는 우스운 일쯤으로 여긴다 생각할 수 있기 때문이다. 하지만 나는 이 말에 담긴 두 가지 배경에 주목해보고자 한다. 하나는 누구나 도시 생활이 힘들면 돌아가 쉴 수 있는 고향이 있었다는 것이고 다른 하나는 누구나 농사를 지을 수 있었던 시대였다는 것이다.

원래 도시는 뿌리를 내려 안착해 사는 곳이 아니었다. 공부나 벼슬, 장사 등의 이유로 도시나 서울에 일정 기간 동안 거주하거나 머무는 정도였지 조상 대대로 도시에 산다는 일은 드물었다. 그래서 도시 생활이 힘들면 부모님 품인 고향에 돌아가 농사지으며 재충전하고 다시 도시로 돌아와 도시의 삶을 이어가곤 했다. 그런데 어느 때부터인가 돌아갈 고향이 없어졌다. 불가피하게 도시에서 뿌리내리고 살아야만 하는 세상이 된 것이다. 이게 도시의 삶을 더욱 위태롭게 만들었다.

돌아갈 곳이 없어진 도시는 불안한 공간이 되어버렸다. 우리나라가 자살률 세계 1위의 나라가 되고 우울증이 급증하는 것도 이와 무관치 않다. 취직을 못 하거나 직장을 잃는 등 경제력을 상실하면 주변으로부터 쉽게 고립되고 단절되는 위태로운 삶으로 내몰린다. 삶과 죽음이라는 선택의 갈림길에서 극단적인 선택을 하게 되는 수많은 이들의 안타까운 사연을 목도하게 되는 것처럼 말이다.

도시에서 경제적 삶을 안정적으로 이어가고 있는 사람들이라고 해서 편안한 삶을 누리고 있는 걸까? 최근 등산, 골프, 캠핑 등 아웃도어 스포츠에 대한 사람들의 관심이 높아지고 있다. 도시 사람들이 즐기는 이러한 취미활동에 한 가지 공통점이 있다고 생각한다. 바로 '흙'이다. 예전에는 흙을 자연스럽게 밟을 수 있었지만, 지금은 그렇지 않다. 게다가 고향의 부모님들이 하나둘씩 연로해지시고 돌아가시니 명절에 엄청난 교통 정체를 무릅쓰고 달려가는 귀경 행렬도 점점 짧아지고 있다. 귀경 행렬이 짧아지는 만큼 흙냄새를 맡으러 가는 행렬은 점점 길어진다. 과연 과장된 이야기일까?

나는 인간을 비롯한 모든 생명이 흙에서 한시라도 벗어나 살 수 없다고 생각한다. 몇 년 전 가출한 우리 집 진돗개는 산책을 나가면 꼭 흙만 밟으려 했다. 똥을 싸도 흙에다 누고 뒷발로 똥을 덮는다. 그걸 보고는 나는 그랬다. "네가 인간보다 낫구나."

인간과 모든 생명은 흙에서 왔다. 그러니 죽어서는 흙으로 돌아간다고 했을 게다. 나는 기독교도 아니고 아무 종교도 없지만, 왜 하필 하느님은 인간을 흙으로 만들었다고 하는 기독교의 이야기를 곰곰이 생각해보니 그 말이 참으로 심오하다. 하느님은 왜 인간을 흙으로 만들었을까? 대리석이나 금, 혹은 황동으로 만들든가, 아니면 요즘처럼 콘크리트로 만들면 오래갈 텐데. 그러나 하느님도 어쩔 수 없이 인간을 흙으로밖에 만들 수 없었을 것이다. 흙이야말로 모든 생명의 원천이요, 어머니이기 때문이다. 이렇게 보면 기독교의 인간 창조설은 모든 것을 음양의 조화로 해석하는 동양 사상과도 닮은 면이 있다. 하느님은 양이고 흙은 음인 셈인데 양과 음이 만나 인간이 만들어졌다고 해석할 수도 있을 것이다. 천지인(天地人) 사상과도 통한다. 하늘님(天)과 땅님(地)이 만나 온 세상의 생명(人)을 만든 것이다.

다시 기독교의 언어를 빌리면, 나는 아직까지도 인간이 에덴동산에서 쫓겨나고 있다고 본다. 에덴동산이 뭔가? 바로 흙이다. 어머니의 자궁 같은 그런 흙이 바로 에덴동산이다. 그런데 그 흙을 더럽게 여기고 다들 편안한 콘크리트, 플라스틱, 유리 상자 속으로 들어가고 말았다. 이제는 흙에서 나서 흙으로 돌아가는 게 아니라, 콘크리트 병원에서 나서 콘크리트 아파트에서 살다 콘크리트 화장터로 돌아가는 시대가 되었다.

그러나 몸은 흙을 안다. 좀 더 정확히 말하면 내 몸 안의 유전자는 흙을 안다. 회귀본능이 작동하는 것이다. 흙에 살지 않고는 하루도 살 수 없다는 것을 DNA는 알고 있다. 콘크리트를 벗어나 흙냄새를 맡으러 산으로 야영장으로 골프장으로 그리고 텃밭으로 달려들 가는 것이다.

모두가 흙에서 살 때는 먹는 일이 어렵지 않았다. 돈도 필요 없었다. 들이나 산에서 나물을 캐 먹든, 논밭에서 곡식과 채소를 심어 먹든 다 그렇게 살았으니 먹고사는 일이 배부르지는 않았어도 그리 어려운 일이 아니었다. 그러니 시골 가서 농사나 짓고 살아야겠다는 말을 누구나 할 수 있었던 것이다. 물론 보릿고개도 있었고 누군가 말했듯 굶주림은 단군 시대부터 있었다. 그러나 이는 일면의 진실일 뿐이다.

보릿고개를 나는 '풀 먹는 고개'라고 부른다. 보릿고개는 보리를 수확해 먹으려면 한 달은 기다려야 하는데, 봄에는 사실 먹을 게 있을 수 없다. 지난해 수확해 저장해둔 곡식은 다 먹었거나 또 가난한 백성들에겐 수확량이 남을 만큼 농사지을 수 있는 넓은 땅도 없었다. 혹여 남았더라도 늦은 봄까지 저장해두기도 힘들었다. 이른 봄에 심은 채소들은 아직 먹을 만큼 자라지도 않았다. 그럼 뭘 먹을 수 있을까? 바로 들녘에서 나는 나물들이다. 입춘의 냉이와 단오의 쑥이 대표적인 자연산 풀들이다. 사실 단오 전까지는 못 먹는 풀이 없다. 아직 날이 덥지 않고 풀이 어리기 때문에 독초조차 순하다. 그렇다고 독초를 먹으라는 것은 아니다. 말하자면 그렇다는 것이다. 그런데 이 풀이야말로 바로 자연이 준 공짜 보약이다. 입춘 냉이는 겨울잠을 깨는 약이요, 단오 쑥은 무더운 여름을 대비하는 예방약이다.

    자연산 풀을 채집해 먹든 농사지은 것을 수확해 먹든 배불리 먹을 수는 없었어도 사람들은 누구나 자기 먹을 것을 스스로 자급할 수 있었다. 그래서 시골 가서 농사나 짓자는 말이 가능했던 것이다.

    그러나 지금은 농사가 매우 어려워졌다. 거의 프로 농부가 아니고서는 지금의 농산물을 아무나 재배할 수 없게 되었다. 왜 그렇게 되었을까? 지금의 농사는 소수의 농부들이 짓는 것으로 대다수 국민의 주식을 해결하고 있으니 그만큼 많은 수확물을 얻기 위해 농사 기술이 고도화되고, 다양한 농기계·농자재 및 시설들이 필요해졌다. 그러니 농사가 어려워질 수밖에. 우리는 이미 그렇게 해서 생산한 농산물을 먹고 산다. 우리 같은 '아마추어 농부'들은 그런 농사를 목표로 하다가는 뱁새 가랑이처럼 찢어져버릴 것이다.

    그럼 눈치 빠른 독자들은 이미 알아챘을 것이다. 어떻게 하면 쉽게 농사를 지을 수 있을까? 나는 이 책에서 호미를 가지고도 쉽고 생태적으로 농사지을 수 있는 방법에 대해 이야기하고자 한다. 과연 호미 한자루로도 농사를 지을 수 있을까? 자, 이제 하나씩 문제를 풀어가보자. 이 글을 읽으신 많은 분들의 지적과 관심을 바란다.

들어가는 말 • 5

비법 하나. 작고 적게 키운다 • 13

순환적인 농법을 위하여 | 본래 맛을 살린 '무관심 농법'으로 배추 키우기 | 고추 4형제 직파법 | 일 년을 두고 먹을 수 있는 마늘의 겨울나기 비법

비법 둘. 땅에 맞는 걸 심는다 • 29

농사는 먹고 싶은 걸 심는 게 아니다 | 베란다와 옥상은 농사에 좋지 않은 공간이지만 | 사람에게 건강하고 농사도 쉬운 곡식

비법 셋. 땅을 갈지 않는다 • 39

갈지 않은 땅이 부드러운 이유 | 갈지 않고도 땅을 부드럽게 만드는 비법

비법 넷. 거름은 직접 만들어 쓴다 • 57

돈 주고 사는 거름은 조심해야 | 거름은 무조건 완숙거름이어야 | 좋은 거름은 늘 내 안에 있다 | 거름 만들기의 원리 | 기타 유기물 재료들로 거름 만들기

비법 다섯. 늦게 심어야 적기에 심을 수 있다 • 81

농사는 타이밍 | 파종의 기준은 왜 음력일까? | 봄작물 파종 적기 |
여름작물 파종 적기 | 작물별 파종 시기 | 마지막 파종 시기를 알려주는 무궁화

비법 여섯. 직파한다 • 103

식물은 이사 가지 않는다 | 작물의 근성을 강하게 만드는 직파 | 직파 방법

비법 일곱. 물을 함부로 주지 않는다 • 115

물은 밥이 아니다 | 물을 주지 않아도 괜찮을까? |
물을 줄 때 알아야 하는 최소한의 원칙 | 토양이 마르지 않도록 관리하는 방법

비법 여덟. 섞어 심고(혼작) 돌려 심는다(윤작) • 127

저투입 순환농법이란 | 땅을 살리는 혼작과 윤작 |
혼작과 윤작이 가능한 작물의 조합 | 윤작하기 | 혼작하기

비법 아홉. 씨앗 받는 농사를 짓는다 • 143

로열티 내는 불임 씨앗 | 토종 씨앗의 힘 | 지속가능한 농사와 생태적 삶 |
텃밭에 어울리는 토종 작물들과 씨받기

---

1 작고 적게 키운다

- 순환적인 농법을 위하여
- 본래 맛을 살린 '무관심 농법'으로 배추 키우기
- 고추 4형제 직파법
- 일 년을 두고 먹을 수 있는 마늘의 겨울나기 비법

작고 적게
키운다

순환적인 농법을 위하여

지금의 농사는 목표치가 너무 높다. 양보다 질이라는 말이 무색하게 우리의 농사에서는 여전히 다수확주의가 지배적이다. 높은 생산량만을 목표로 하는 농사는 기술적으로도 쉽지 않을뿐더러 비용도 많이 들고 필요한 노동력도 적지 않다.

문제는 여기서 끝이 아니다. 힘들게 다수확 농사를 지어도 농부들은 가난을 벗어날 수 없다는 것이다. 어쩌다 가격이 폭락하기라도 하면 정성껏 키운 작물을 갈아엎는 일도 다반사다. 우리 농사는 왜 이 지경에 이르렀을까? 정말 다수확 농사만이 능사일까?

지금처럼 왜곡된 농사의 원인은 자명하다. 현재 우리나라 농민은 전체 인구의 5%에 불과하다. 국민 대다수가 소수 농부의 생산량에 의존하고 있다는 것이다. 나는 감히 이런 '비생산적'인 사람들이 소수의 고령

농부들에게 '기생'한다고 말하고 싶다. 많은 사람들이 농사짓고 살지 않으니 옛날 같으면 하나만 생산해도 될 것을 지금은 열 개, 스무 개를 생산해야 한다. 농사짓지 않는 사람들을 먹여 살리기 위해서다. 그러니 농사가 어려워질 수밖에…….

그뿐만이 아니다. 원래 땅이 가진 능력을 초과한 양을 생산해야 하니 땅을 보호하는 농사가 아니라 땅을 수탈하는 농사를 짓게 된다. 이른바 '수탈농사'이다. 수탈농사를 하니 땅이 병들고 병든 땅엔 병충해가 기승을 부리게 된다. 더더욱 농사가 어려워지는 까닭이다.

게다가 작물도 비만으로 키우려면 거름을 많이 주어야 한다. 요즘은 땅의 생산력보다는 거름의 생산력을 기준으로 농사를 짓는다. 땅의 기본 능력보다는 원하는 생산량을 뽑아내기 위한 거름 시비량을 정해서 넣는다. 이른바 '고투입 농사'라 한다. 투입하는 자재와 에너지가 많다는 뜻이다. 양분을 많이 넣으면 양분 과잉으로 땅이 병들고 양분이 과잉 축적된 작물로 인한 병충해도 심해지는 것이다.

수탈농사의 악순환을 막기 위해서는 농사에 대한 또 다른 상상력이 필요하다. 누구나 호미 한자루만 있으면 충분히 농사를 지을 수 있다. 기술의 반은 생각에 달렸다. 농사에 대한 생각을 바꾸면 그에 필요한 다른 전략과 길이 보인다.

본래 맛을 살린 '무관심 농법'으로 배추 키우기

토종 배추는 대부분 불결구배추이지만, 구억배추는 절반 정도 결구가 되는 반결구배추이다. 구억배추는 배추 재래종자로서 2008년 〈토종씨드

| 구억배추. 결구가 되긴 하지만 비만 배추에 비하면 홀쭉이 배추다 | 꽉꽉 알이 들어차는 결구배추

림〉이라는 토종수집단과 내가 함께 제주도를 답사하다가 찾았다. 이름이 오(5)억이나 십(10)억도 아닌 하필 구억이라니 참 재밌다. 하지만 이름이 숫자, 9억은 아니다. 제주도 서귀포시 대정읍에 있는 마을의 토박이신 한 할머니에게서 얻은 종자인데, 그 마을 이름이 구억리였다. 토종씨드림 대표 토종 박사님이 마을명을 따라 이름을 지은 것이다. 토종 배추는 불결구가 많고 결구배추는 찾기 힘든데 일행을 이끌고 제주도까지 가서 구했으니 토종 박사님이 여간 기뻐하지 않았다.

옛날에 호배추라고도 했던 결구배추는 이른바 F1, 1대교잡종 배추이다. 결구배추는 그 역사가 길어야 100년이고 우리 밥상에 일상적으로 올라오기 시작한 것은 1970년대이다. 맛이 좋아 선풍적인 인기를 끌었지만, 저장성이 떨어지고 금세 물러버려, 일찍 김치를 담가 먹었다. 오래 먹을 김장은 조선배추로 담갔다. 요즘은 입맛이 얄팍해져 달고 고소한 것만 찾으니 배추 맛도 이상해졌다.

배추는 조상이 순무다. 약 1천여 년 전 중국에서 순무와 청경채가 자연 교잡되어 배추가 만들어졌다. 본래 배추 맛은 순무처럼 쌉쓰레하다. 첫맛은 쌉쓰레하지만 씹을수록 단맛이 나는데, 뒷맛이 개운치 않은 요즘 단맛과 달리 뒷맛이 개운하다.

우리는 음식이 약이라 했다. 이른바 약식동원(藥食同原), 즉 약과 음식의 근본이 같다는 것이다. 음식이 약이 되려면 그 음식 본래의 맛이 살아나야 한다. 인간들의 얄팍한 입맛에 억지로 맞춰지는 음식은 약은커녕 자칫 독이 될 수 있다.

사실 따지고 보면 약이 되는 맛은 대체로 쓰고 시고 맵다. 단맛은 추운 겨울에 몸을 따뜻하게 하는 것 외에 어떤 유용함이 있는가? 게다가 단맛은 입에서 당기기 때문에 쓴맛, 신맛, 매운맛과 달리 쉽게 과식하게 된다. 그게 문제다. 뭐든지 과하면 탈이 난다. 단맛을 좋아하는 현대인들은 당뇨병, 고혈압, 암 등 각종 성인병에 시달린다.

혀에서 느껴지는 맛보다 더 중요한 것은 작물 본래의 성질이다. 순무와 같은 배추의 본래 맛을 살리면 배추답고 건강하게 자랄 수 있다. 이것이 바로 배추를 손쉽게 농사짓는 근본 원리다.

작물의 본래 성격에 맞게 자연스럽게 키우는 것. 그러기 위해서는 먼저 작고, 적게 키워야 한다. 앞의 사진처럼 속이 꽉 찬 결구배추는 키우기가 꽤 어렵다. 프로 수준의 농사 실력이 아니면 불가능에 가깝다. 사실 이렇게 키우려면 매뉴얼이 따로 있다. 그에 따른 자재도 마련되어야 한다. 이를 아마추어 농부인 도시농부가 똑같이 따라 하기는 어려운 일이다.

하지만 나는 이렇게 키워진 배추를 비만병에 걸린 돼지배추라고 부르기를 서슴지 않는다. 자연적 본성을 잃어버린 기형이라는 것이다. 이런 비만배추인 결구배추에는 벌레들이 달려들거나 갖가지 병에 시달린다. 배추를 갉아 먹는 벌레만 해도 자그마치 여덟 가지가 넘는데 청벌레, 톡톡이, 잎벌레, 민달팽이, 집달팽이, 귀뚜라미, 메뚜기까지 달려든다. 건조한 가을에는 진딧물이 기승을 부린다.

제일 무서운 것은 무사마귀병(뿌리혹병)이다. 낮에는 잎사귀들이 떡 벌어진 채 푹 주저앉다가 저녁이 되면 살아나기를 반복하는데 얼마 가지 않아 죽고 만다. 전염성도 강해 다시 그 땅에 심으면 영락없이 내년에 또 발생한다. 이와 비슷한 균핵병이나 칼슘 및 붕소결핍 장해도 대표적으로 겪는 병이다. 이렇게 병도 많고 벌레도 많은 배추를 친환경 유기농 방법으로 키우려 하면 그게 가능하겠는가? 농사를 지어본 사람들이라면 고개를 절레절레 흔들고 말 일이다.

하지만 나는 벌써 십여 년째 누구나 고개를 젓는 그 방법으로 배추를 키워오고 있다. 물을 좋아하는 배추에게 물 한 번 제대로 주지 않고, 벌레 한 번 잡지 않고도 배추를 키운 것이다. 연작피해에 약한 배추를 같은 자리에서 7번이나 재배했다. 연작피해도 전혀 입지 않고 말이다. 농담으로 나는 이런 농법을 이른바 '방치농법'이나 '무관심농법'이라고 부른다.

이렇게 키운 배추는 씁쓰레하면서도 씹을수록 단맛이 나고 뒷맛이 개운하다. 누구는 씹기에 억세다고 하지만 내 입에는 아삭하기만 하다. 이것이 배추 본래의 맛이다.

조선배추는 얼마든지 씨를 채종할 수 있는 이른바 '가임종자'인 반면 시중의 종묘상에서 파는 종자는 씨를 맺지 못하는 '불임종자'다. 월동작물인 배추를 비만배추로 키우면 살이 너무 쪄서 겨울에 다 얼어 죽는다. 본래의 능력을 상실한 데다가 월동을 못 해 이른 봄에 봄동으로 올라와 꽃대를 올려 씨를 맺는 힘도 잃어버린 것이다. 기형이라 하지 않을 수가 없다. 어쩌다 겨울을 나서 봄에 꽃대를 올려 씨를 맺는다 해도 선천적으로 불임배추라 많이 맺지는 못한다. 설령 가뭄에 콩 나듯 맺힌 씨앗을 심는다고 해도 어미 닮은 것이 나오지 않고 엉뚱한 것들이 튀어나온다. 교잡종에 숨어 있던 열성인자들이 나타나는 것이다. 이렇게 해서라도 씨앗을 고정시키는 방법이 있지만, 이 교잡종 씨앗들은 저작권이 있어 함부로 씨앗을 받을 수 없다. 이른바 저작권 사용료인 로열티를 지불해야 한다.

나는 세상의 제일 도둑놈이 씨 도둑놈이라 생각한다. 아무리 달나라를 갔다 오는 세상이라 하지만 씨앗은 절대 인간이 만들 수가 없다. 단지 씨앗들을 이렇게 저렇게 교잡하여 만드는 것이니 그것을 갖고 자기가 만들었다고 저작권을 붙이는 것이야말로 언 땅에 흙을 덮어 땅을 팔아먹었던 봉이 김선달보다 더 나쁜 사기꾼이다. 과거 술을 몰래 담가 먹으면 밀주라 해서 금지했던 것처럼 종묘상에서 사다 심은 종자에서 씨를 받으면 불법으로 취급하는 시대인 것이다.

반면 토종 씨앗은 저작권도 없는 데다 가임종자여서 아무나 씨를 받아 키워 먹을 수 있다. 우리 토종이라 해서 우리만 씨를 받을 수가 있는 것도 아니다. 지구 상의 누구라도 씨를 받아 키울 수 있다.

고추 4형제 직파법

요즘 고추는 키가 얼마나 큰지 모른다. 사람이 고추밭에 들어가 일을 해도 일하는 사람을 볼 수가 없다. 옛날엔 콩밭, 보리밭에서 젊은 남녀가 데이트를 즐겼다는데 요즘은 고추밭에서 즐겨도 무방할 판이다. 고추의 기운을 받으면 데이트가 더 즐거울 수도 있겠다.

여기에 비하면 내 고추밭은 몰래 데이트하기에 마땅한 공간이 아니다. 키가 허리 정도밖에 오지 않으니 안에 들어가 뭐 할 게 없다. 풀 맬 일밖에…….

내가 키우는 고추에는 지주대를 세우지 않는다. 다 자라도 마찬가지다. 약간의 과장을 무릅쓴다면 고추에 지주대를 세우면 병에 걸린다. 과장이 심하다고? 물론 뻥이라고 해도 할 말은 없다. 하지만 아예 일리 없는 말은 아니다.

고추에 지주대를 세우면 거기에 의지해 고추 열매가 많이 열린다. 반면 지주대를 세우지 않으면 열매를 별로 맺지 않는다. 쓰러질까 봐. 어림잡아 세어보니 지주 세워준 것에 반도 채 열리지 않았다.

| 지주를 세우지 않고 키운 고추

| 대파와 함께 심은 고추

지주를 세우지 않으면 고추는 쓰러지지 않으려고 감당할 만큼만 열매를 맺는다. 모든 생명의 엄마들은 자기가 감당할 만큼 아이를 낳는다. 예컨대 사람으로 치면 엄마는 잘해야 한 번에 아이를 하나둘 낳는다. 그런데 난데없이 아이를 한 번에 50명씩 낳는다고 하면 이를 '풍년이다, 대박이다' 하고 손뼉 치며 좋아해야 할까?

고추도 마찬가지다. 지주에 의지하지 않고 스스로 감당할 만큼만 열매를 맺을 때 열매도 고추 포기도 건강할 수 있다. 우선 열매의 과피가 탄탄하다. 그러니 고추 열매에 감염되는 탄저병, 무름병 등 각종 병들이 거의 오지 않는다. 설사 병이 와도 퍼지지 않고 스스로 낫기도 한다.

또한 열매가 탄탄하니 물러 떨어지는 게 거의 없다. 꼭지 부근에서 구멍 뚫고 들어와 고추를 갉아 먹는 벌레도 얼씬거리지 못한다.

다만, 폭우가 쏟아질 때는 지주를 세우지 않으니 몇 그루가 쓰러지곤 한다. 가끔은 쓰러지지 않으려고 밑에 달린 고추 열매를 버팀목 삼아 버티고 있는 고추그루의 안쓰러운 모습을 목격하기도 한다. 그걸 보고 있자니 웃음이 나오기도 하고 미안하기도 하다. 버팀목 역할을 하던 고추를 따서 만져보니 이놈은 단단하기가 거의 나무토막 같다. 얼마나 거기에 에너지를 집중했는지 참으로 대견하다.

지주를 세우지 않으면 수확량은 적을지 몰라도 서리가 올 때까지 건강하다. 빨간 고추를 다섯 번은 따는데 막판 서리가 오기 전에는 파란 고추가 주렁주렁 열린다. 곧 다가올 죽음을 예상하고 모든 에너지를 후손 퍼뜨리는 데 집중하는 것 같다.

그러나 이놈들이 빨갛게 익을 정도로 놔둘 수가 없다. 그냥 두었다가는 서리에 당할 것이 뻔하기 때문이다. 서리 오기 전에 수확해 고추 장아찌를 담그면 아삭아삭하니 그 맛이 일품이다. 지금도 작년 고추 장아찌가 남아 있는데 여전히 맛이 변함 없다.

나의 고추 농사법은 이름하여 '고추 4형제 직파법'이다. 고추와 함께 대파, 들깨, 수수를 씨로 함께 심어 재배한다고 해 붙인 이름이다. 모종이 아닌 씨로 심는 것을 직파라 하는데, 직파하면 늘 새나 벌레 피해가 문제다. 대파를 함께 심는 것은 만주 연길에서 온 조선족 농부에게 배웠다. 고추씨를 심으면 개미가 갉아 먹는 것 같다 했더니 가르쳐준 방법이다. 대파를 함께 심으면 대파 향 때문에 개미가 덜 달려든다는 것이다. 고추씨에 기름이 있어서인지 개미나 땅속 벌레들이 가해를 하곤 했는데 대파와 같이 심으니 확실히 피해가 덜했다.

대파씨를 함께 심을 때는 대파씨와 고추씨를 1대 1의 비율로 섞어 줄뿌림을 하는데 거의 붙여 심는다 할 정도로 밀식한다. 대파가 한 뼘 정도로 자라면 고추와 양분 경쟁을 하게 된다. 고추가 이긴다면 그늘을 드리워 대파의 성장을 방해하므로 그 정도가 되면 대파를 옮겨 심어야 한다. 들깨는 고추 심은 줄에 약 2m 간격으로 다섯 알씩 심는다. 들깨는 그 향이 진해 고추 열매에 구멍 뚫고 열매를 갉아 먹는 담배나방애벌레를 예방한다. 이러한 들깨의 활약에도 세가 너무 좋아 주위 고추를 괴롭힌다. 이 들깨는 먹으려고 키우는 게 아니므로 고추를 괴롭힐 만큼 세가 좋으면 과감하게 낫으로 위를 쳐낸다.

수수는 땅에 과잉된 양분을 청소한다. 고추는 아무래도 질소 거름을 좋아해 거름을 많이 주곤 하는데 이는 토양 염류를 축적하는 주범이다. 당연히 고추에도 좋지 않다. 수수는 토양에 과잉된 질소 즉, 질산염을 잘 흡수한다. 이는 토양의 염류화를 예방하는 효과가 있다. 수수가 고추에 그늘을 드리우지 않냐고 물어볼 수도 있는데, 수수는 옥수수와 달리 줄기가 가는 편이어서 걱정하지 않아도 된다. 수수도 들깨처럼 2m 간격으로 다섯 알씩 넣는데 들깨 사이에 심으면 된다. 그러니까 고추 줄에 들깨와 수수를 번갈아가며 심는 것이다. 싹이 올라와 한 뼘 자라면 두 포기만 남기고 나머지는 솎아낸다.

내가 요즘 제일 강력히 추천하는 농법은 바로 '틀밭'이다. 판자 나무 같은 것으로 두둑 둘레에 테두리를 치는 것이다. 다른 말로 '틀두둑'이라고도 한다. 이 밭의 강력한 위력은 장마 때 폭우로부터 흙을 매우 효과적으로 보호한다는 점이다. 거름을 보호하는 것은 너무 당연하다. 그러다 보니 흙이 매우 부드럽다. 이를 보면 흙을 갈지 않아도 농사는 충분히 가능하다는 점을 알 수 있다. 틀밭에 대해선 뒤에서 더욱 자세히 다룰 것이다.

일 년을 두고 먹을 수 있는 마늘의 겨울나기 비법

도시텃밭농사에서 재미가 제일 쏠쏠한 것은 마늘이다. 아마도 마늘은 친환경 유기농법으로 재배한 것과 일반 관행농법으로 수확한 결과물의 맛이 차이가 가장 큰 작물인 것 같다. 그다음이 채소류이고 맛 차이가 제일 크게 나지 않는 게 곡식류인 것 같다.

마늘은 추운 겨울을 나기 때문에 농사짓는 과정이 꽤 드라마틱하다. 겨울이라 밭에 가보아도 별 변화가 없지만, 괜히 궁금해 마늘 보러 밭에 가게 된다. 특히 중부 지방에서 마늘은 땅속에 묻혀 있어 보이지 않는데도 보러 간다. 모아둔 오줌을 마늘 위에 웃거름으로 뿌리면서 한겨울의 매서운 동장군 맛을 온몸으로 느껴보면 따뜻한 봄이 절절하게 그리워진다. 그렇게 맞이하는 봄이 얼마나 고맙고 소중한지 참으로 자연의 신비는 놀랍기만 하다.

마늘 농사는 겨울나기가 관건이다. 추운 겨울을 잘 버텨야 따뜻한 봄에 무럭무럭 자란다. 물론 추운 겨울을 피해 이른 봄에 심는 마늘도 있다. 이는 겨울이 너무 추워 도저히 추위를 버틸 수 없는 북쪽 지방에서 부득이 취하는 방식이다. 고추씨와 대파씨를 함께 심는 방법을 일러 준 만주 연길 지방의 조선족 농부님에게서 들은 것이다. 연길은 너무 추워 겨울 전에 심으면 다 얼어 죽기 때문에 겨울 지나 이른 봄에 심는 것이다.

추운 겨울에 동해를 입게 하지 않기 위해서는 피복을 해야 하는데 요즘은 주로 비닐을 덮는다. 비닐 피복은 동해를 예방하기도 하지만 다수확에도 그 목적이 있다. 비닐을 피복한 후 봄이 되면 땅속 온도가 높아져 마늘 생육을 강하게 자극해 알이 굵고 커진다.

그러나 나는 옛날처럼 비닐을 덮지 않고 볏짚이나 왕겨를 덮는다. 볏짚은 비닐에 비해 보온성이 떨어지고 봄이 되면 바로 벗겨내기 때문에 비닐처럼 땅속 온도를 높여주지 못하니 마늘의 생육을 활성화하지 못한다. 그러니 볏짚 덮은 마늘은 크기가 잘다. 비닐을 덮은 마늘에 비해 잘해야 절반보다 좀 더 큰 정도다. 그럼 누가 비닐 말고 볏짚을 덮겠는가?

하지만 속사정을 더 자세히 들여다 보면 생각이 달라진다. 비닐을 덮어 키운 마늘은 크기는 클지 모르지만 저장성이 떨어져 오래가지 못한다. 반면 볏짚을 덮어 춥게 키운 마늘은 크기는 작을지라도 조직이 치밀하고 단단해 보관만 잘 하면 1년은 넘게 간다. 보온성이 떨어지는 볏짚을 덮으니 추운 겨울을 이기기 위해 뿌리를 땅속 깊이 내린 것이다. 이

| 늦은 봄 마늘. 비닐을 덮지 않았다

| 볏짚 덮어 키운 마늘. 뿌리 없는 씨마늘을 심었다. 겨울 끝 무렵에 캐보니 뿌리가 무성하다. 겨우내 잠만 잔 줄 알았는데 뿌리를 땅속 깊이 내리고 있었다

렇게 뿌리가 무성하면 어떤 효과가 있을까?

첫 번째 가뭄에 강하다. 뿌리가 무성하고 깊다는 것은 땅속 습기를 잘 빨아올리니 당연하다. 늦은 봄이 되면 가뭄이 찾아오는데 이때 마늘은 알이 굵어질 때라 물이 필요하다. 가뭄에도 취약하기 때문에 반드시 물을 주어야 한다. 하지만 위의 사진처럼 뿌리를 무성하게 키운 마늘은 물을 뿌리지 않아도 잘 견딘다.

두 번째는 무성한 뿌리는 양분을 편식하지 않고 골고루 흡수한다. 특히 돌멩이가 많은 땅속 깊이 뿌리를 내리면 돌에 있는 미량요소 무기질을 잘 흡수해 약이 되는 건강한 마늘이 된다. 물도 덜 주고 무기질 미네랄을 잘 흡수한 마늘은 조직이 치밀해 아삭아삭하다. 마늘 특유의 냄새를 풍기는 알리신이 풍부해 아린 맛도 덜하다.

나는 마늘을 수확할 때가 되면 시식을 하는데 그냥 흙만 털어내 맨마늘을 베어 문다. 마늘 특유의 알리신 향이 입안 가득 맴돌며 전혀 아린 맛이 없으면서 아삭하고 단맛이 난다. 이 맛에 마늘 농사를 한번 지

작고 적게 키운다 25

은 사람은 마늘 농사를 짓지 않고는 못 살겠다는 기염을 토하곤 한다. 친구 하나는 마늘 수확 때 오랜만에 놀러 와서는 막걸리 한잔에 그냥 생마늘을 안주 삼아 건네주니 한입 살짝 베어 먹으며 하는 말이 "이야, 마늘이 무슨 과일 같냐?" 한다. 그래 나는 이렇게 대꾸했다. "야, 나도 뼁이 세지만 너는 더한 놈이네. 아무리 마늘이 맛있다고 과일 같냐?"

마늘 농사를 지으면 그 맛에 놀라워 농사 중독자가 되지만, 또 한편 생태주의자, 자연주의자가 되는 것은 시간 문제다.

3월 하순경, 절기로는 춘분. 따뜻한 봄의 기운을 등에 지고 볏짚을 벗긴다. 마늘의 순이 스윽 올라온 게 보인다. 부슬부슬한 흙이 손가락 사이를 스치고 지렁이도 꼬물꼬물 인사를 건넨다. 이게 바로 춘분에 만끽하는 생명의 기운이 아닌가 싶다.

나에게 농사 배우러 온 한 분이 마늘과 땅이 주는 기운을 경험하고는 이런 말을 한 적이 있다.

"나는 한 번도 생태주의나 자연주의 책을 읽은 적이 없고 관련 강의도 들은 바 없지만, 오늘 볏짚을 벗기며 마늘을 본 순간 절로 생태주의자가 된 것을 느꼈습니다."

이렇게 배추와 고추, 마늘을 작게 적게 키우면 농사는 아주 쉬워진다. 호미 한자루면 충분히 농사를 지을 수 있다. 소규모로 생산한 작물들이 상품성은 떨어질지라도 작물 본래의 깊은 맛이 나고, 자연의 기운에 맞게 자라 사람의 몸에 잘 맞고 약이 된다.

게다가 가임 토종종자를 가지고 채종도 하니 씨를 사다 심을 필요도 없다. 어디 그뿐인가? 거름도 내 몸에서 나는 똥오줌, 남은 음식물, 농장의 부산물, 숲속 부엽토 등을 가져다 쓰니 돈이 더욱 적게 든다. 상업적인 농사에서는 꿈도 꾸지 못할 자급농사만의 기쁨이다. 자신의 몸을 움직이는 소박한 노동을 통해 오로지 자급농사에서만 누릴 수 있는 즐거움을 누려보자.

2
땅에 맞는 걸 심는다

농사는 먹고 싶은 걸 심는 게 아니다
베란다와 옥상은 농사에 좋지 않은 공간이지만
사람에게 건강하고 농사도 쉬운 곡식

땅에 맞는 걸
심는다

농사는 먹고 싶은 걸 심는 게 아니다

우리는 참으로 실천적인 민족인가 보다. 일단 무조건 심고 본다. 공부는 그다음이다. 우리와 대조적인 민족이 일본이다. 일본 사람들은 무슨 일을 시작하면 꼭 관련 책을 먼저 뒤져본다고 한다. 예컨대 축구를 시작하면 우리는 공 먼저 발로 차고 시작하고 일본 사람들은 축구 관련 책을 먼저 뒤져본다고 한다. 나는 우리의 민족성을 부정적으로만 보지는 않는다. 나는 우리 민족이 참으로 실천적이라고 생각한다. 먼저 발로 공을 차보고 뜻대로 되지 않으면 책을 찾아보거나 선생을 찾아가 물어봐도 된다. 일단 부딪쳐보는 것. 이 또한 좋은 장점을 가진 공부법이지 않은가?

그런데 이러한 방식이 농사를 지을 때 꼭 좋은 것만은 아니다. 사람들은 농사를 지을 때도 우선 심고 본다. 나에게도 종종 농사를 짓다가 궁금한 것을 물어오는 사람이 있다. 특히 우리는 고추를 참으로 좋아해 농사를 했다 하면 고추를 안 심는 사람이 없다. 근데 가끔 왜 고추가 안 열리는지 묻는 사람들이 많다. 어디에다 심었냐고 물어보면 베란다에 심었다든가, 담벼락 밑 그늘진 곳에다 심었다든가 하는 식이다. 그럴 때 나는 늘 이렇게 대답한다.

"농사는 먹고 싶은 걸 심는 게 아닙니다."

"그렇다고 먹고 싶지 않은 걸 심으라는 말은 아닐 텐데……."라며 갸우뚱하면,

"농사는 땅이 좋아하는 걸 심는 겁니다."라고 한다.

경제적인 여유가 있어 시골에 땅을 좀 사둔 사람들 대부분은 과일나무를 꼭 심고 싶어 한다. 근데 나는 과일 나무는 심지 말라고 당부한다. 왜 그럴까? 일단 과일나무는 키우기가 쉽지 않다. 많은 공부와 연구가 필요하다. 과일나무는 사람만 좋아하는 게 아니라 벌레들도 좋아해 자칫 벌레를 끌어들일 수 있다. 또한 나무는 한번 심으면 쉽게 옮기기 힘들어 잘못 심으면 나중에 골칫거리가 될 수 있다. 어쩌다가 사람들이 열매를 서리하다가 나무를 망가뜨리거나 나무 밑의 땅을 다져놓으면 밭이 망가져버리기도 한다. 과일나무만이 아니라 조경 나무들일지라도 꼭 사전 정보나 지식을 익힌 다음 심기를 권한다.

나무든 작물이든 먼저 공부가 필요하다. 농사지을 환경을 파악하고 그에 맞는 작물과 나무를 심어야 한다. 내가 먹고 싶다고 무조건 심었다가는 농사도 실패하고 환경도 망가뜨릴 우려가 있는 데다 자칫 농사를 포기해버릴 수도 있다.

베란다와 옥상은 농사에 좋지 않은 공간이지만

텃밭농사에 대한 강의를 다니다 보면 아파트 베란다에서 농사짓는 방법을 알려달라는 요청을 많이 받는다. 베란다는 농사짓기에 적합한 공간은 아니다. 우선 일조량이 절대적으로 부족하다. 베란다 방향이 정남향이라고 해도 좌우가 막혀 있어 아침 동남쪽 햇빛과 저녁 남서쪽 햇빛이 부족하기 때문에 좋은 조건이라고 할 수 없다.

다음으로는 통풍이 좋지 않다. 작물은 일조량도 중요하지만, 통풍도 그에 못지않게 중요하다. 바람이 잘 통해야 작물이 물을 잘 빨아올려 신진대사가 활발해지고 꽃도 수분(受粉)이 잘된다. 통풍을 좋게 해야 한다고 하니 베란다 바깥 창문만 열면 괜찮다고 생각하는 사람들도 많다. 하지만 반대편 창문도 열어 맞바람이 잘 통하게 해야 한다. 한번은 부족한 일조량을 보완하기 위해서 좌우 벽에 반짝이는 은박지 같은 것을 붙여놓은 경우를 본 적이 있다. 동쪽의 햇빛과 서쪽의 햇빛을 끌어들이는 장치였다. 참으로 기발한 아이디어다.

그렇다고 아무것도 자랄 수 없다고 단정적으로 말할 수는 없다. 일단 엽채류가 키우기 적합하다. 엽채류는 한여름의 뜨거운 날씨를 싫어하고 상대적으로 봄, 가을의 선선함을 좋아하기 때문에 베란다에서 키우기에 적당하다. 반면 열매와 이삭을 맺는 작물들은 대체로 한여름의 뜨거운 날씨를 좋아한다. 활발한 광합성을 통해 탄수화물을 만들어 열매와 이삭에 저장해두어야 하기 때문이다.

그렇지만 역시 베란다의 구조적인 한계를 극복하기는 쉽지 않다. 아무래도 자연 흙이나 땅도 아니고 인공적인 경량토를 갖다 키워야 하므로 근본적인 한계는 있다.

옥상은 베란다보다 훌륭한 경작 공간이다. 노지보다는 못지만 요령만 배우면 노지 못지않은 경작지로 만들 수 있다

많은 사람들이 아파트에 살기 때문에 베란다에서 농사지을 방법을 찾지만, 역시 농사는 자연 흙이 있는 땅에서 지어야 제맛이다. 나는 농반진반으로 이렇게 말하곤 한다.

"상추 하나 제대로 살지 못하는 곳에서 왜 사세요? 빨리 그곳에서 나와야 합니다. 생명이 살 수 있는 땅으로요."

다음으로 도시 사람들에게 주목받고 있는 공간이 바로 옥상이다. 옥상은 확실히 베란다보다 좋은 환경이다. 일조량이 좋고 통풍도 좋다. 노지에 비할 수는 없겠지만, 옥상의 문제점을 잘 보완한다면 텃밭에 적합한 환경을 만들 수 있다.

다만, 옥상의 큰 문제는 한여름이면 바닥이 금세 마르고 뜨겁게 달궈진다는 것이다. 심하면 하루에 세 번 이상 물을 주어야 한다. 물을 너무 자주 주면 거름이 다 씻겨나간다. 거름이 빠져나갈 뿐만 아니라 흙까지 딱딱해진다. 이 문제를 어떻게 극복하느냐가 옥상텃밭농사의 관건이라 할 수 있다.

먼저 물 주는 방법부터 배워야 한다. 화초에 주는 것처럼 밑으로 흘러

나올 정도로 듬뿍 주는 것은 좋지 않다. 거름까지 씻겨나가기 때문이다. 작물처럼 쑥쑥 자라 열매를 맺어야 하는 게 아닌 화초에는 거름이 필요 없기 때문에 물을 듬뿍 주어도 상관없다. 작물은 이와 달리 한 컵씩 찔끔찔끔 주고 스며든 다음 또 주는 것이 좋다. 더욱 편리한 방법은 페트병을 이용하는 것이다. 병뚜껑에 구멍을 뚫고 페트병에 물을 담아 흙에 거꾸로 꽂으면 물이 조금씩 떨어지는 효과를 낼 수 있다.

요즘은 텃밭상자가 발달해 물을 담는 장치가 서랍식으로 되어 있다. 그리고 물 담은 서랍에 심지를 박아 흙 속에 연결해 물이 흙에 잘 흡수되도록 하면 작물이 밑의 뿌리를 통해 물을 잘 흡수한다. 물 주는 요령은 이 책 후반부에 좀 더 집중적으로 다룰 예정이다.

사람에게 건강하고 농사도 쉬운 곡식

우리나라는 어떤 작물보다 단연 곡식이 잘되는 나라다. 그중에도 역시 벼가 최고다. 우리나라의 농사 환경을 좌우하는 가장 큰 기후적인 특징이 바로 여름 장마인데, 이 시기를 견뎌내는 작물이 거의 없다. 폭우가 한번 쏟아지면 하루에 2~300㎖를 퍼부어댄다. 심하면 1ℓ도 쏟아붓는다. 거의 머리 위에 강물이 지나가는 꼴이다. 이 무서운 비를 견뎌내는 작물은 벼와 같은 곡식뿐이다.

귀농한 친구 중에 임야를 개간한 사람이 있었다. 귀농지원자금을 받아 싸게 임야를 산 후 1천 평의 땅을 포크레인으로 개간해 고추를 심었다. 급하게 땅을 조성하는 바람에 둑에 풀이 제대로 자리 잡지도 못한 채 장마를 맞았다. 밤새 비가 쏟아지자 불안감에 잠자리에 들 수 없어

비옷을 챙겨 입고 고추밭에 나갔다고 한다. 밤사이 온 비가 300㎖ 정도 되었다는데, 밤새 지켜보고 있자니 고추밭 전체가 스윽, 떠내려가는 게 눈에 보이는 게 아닌가. 쓸려가는 밭도 밭이지만 바로 아랫마을에 있는 산소들까지 덮칠 기세여서 더욱 불안했다고 한다. 비에 휩쓸린 밭의 위험한 질주는 다행히도 산소 바로 위에서 멈추었다.

또 다른 이는 열두 다랭이 논을 사서 포크레인을 불러 한 번에 한 다랭이 논으로 만들었다가 장마 폭우에 무너져버렸다고 했다. 이게 바로 우리의 무서운 장마 폭우다. 이런 폭우를 맞고 나면 밭 모양이 바뀐 것을 알 수 있다. 흙과 거름이 쓸려가 밭이 딱딱해지고 도랑이 매워지니 그럴 수밖에 없다.

채소나 과일은 이런 폭우와 무더운 몬순 기후를 감당하기 힘들다. 다양한 과채류를 위협하는 탄저병, 역병 등 각종 병충해도 무섭지만, 이런 여름 날씨도 위협적이기는 마찬가지다. 폭우를 맞고 쓰러지거나 녹아버리기 일쑤인 데다 습기가 많으면 바이러스에 의한 병이 생기거나 가뭄이 오면 벌레가 많이 생긴다.

하지만 벼와 곡식들은 이런 장마 통에도 쑥쑥 큰다. 벼와 곡식들은 줄기 자체에 무기질과 섬유질이 풍부하다. 아마도 이것이 폭우와 습기를 견디게 하는 힘일 것이다. 폭우에도 잘 견디다 보니 토양도 쓸려가지 않게 지탱해준다.

특히 벼는 논에 물을 담아 키우기 때문에 폭우에 견딜 뿐만 아니라 폭우를 잘 모아 빗물을 담수하고 지하수를 만들어준다. 우리의 논은 최고의 빗물 저장고나 다름없다. 논의 수평을 잡고 논둑을 만들면 가능한 일이다. 논둑은 폭우에 의한 토양 유실을 막고 물을 가두어 담수를 해

준다.

또 중요한 게 있다. 벼는 같은 자리에서 연작을 하고, 벼만 재배하는 단작을 하는데도 땅이 망가지지 않고 연작이나 단작의 피해도 없다. 벼는 연작피해가 없는 몇 안 되는 작물 중 하나다. 대표적인 연작피해는 염류로 인한 것인데 논의 물이 염류를 씻겨주는 것이다. 벼가 자라는 논은 아마도 길게는 몇 천 년, 짧게는 몇 백 년 되었을 텐데 땅이 망가지지 않고 벼도 건강하게 자란다. 이는 대단히 신비한 일이다. 하지만 우리는 매일 밥을 먹으면서도 이런 신비함과 고마움을 모른다.

나는 목발을 짚고 다니는 지체 2급 중증 장애인이지만, 500평 땅에 농사를 짓는다. 물론 사람들은 쉽게 믿지 못한다. 주말농장에서 5평짜리 땅을 분양받으면 의외의 크기에 놀란 나머지 꼭 만주 벌판에 홀로 선 듯한 표정이다. 하물며 500평을 목발 짚는 장애인이 농사짓는다니 믿기지 않는 게 당연할 것이다. 내가 그 넓은 땅에 농사를 지을 수 있는 가장 중요한 노하우는 바로 곡식을 위주로 심는다는 것이다. 앞서 설명했듯 장마에 강한 벼처럼 키우기에 수월한 곡식을 주로 심는다. 벼뿐만이 아니라 콩, 수수, 조, 기장 등도 장마 통에 크고 고구마, 들깨도 잘 자란다. 이렇게 곡식을 위주로 심으면 농사는 꽤 쉬워진다.

벼는 논벼와 밭벼 두 종류를 심는다. 이른 봄에는 감자를 많이 심고, 어렵다는 고추도 꽤 심는다. 여름에는 고구마, 들깨, 팥, 약콩, 메주콩, 서리태, 수수 등을 심고 겨울엔 마늘, 양파, 밀을 심는다. 김장할 목적으로 고추와 배추, 무도 심는다. 대부분 곡식들이다. 팥과 밀은 거의 공짜 농사나 다름없다.

이렇게 곡식 위주로 재배하면 일이 엄청 줄어든다. 무엇보다 곡식은 병충해에 강하다. 병충해는 초보 농부들에게 큰 숙제다. 채소는 약하고 병충해도 많아 초보 농부들에게는 쉽지 않다. 곡식은 채소에 비해 가뭄에 강하다. 옥수수나 수수 같은 작물은 내한성(耐旱性) 작물, 즉 가뭄에 강한 곡식으로 유명하다. 또한 채소에 비하면 거름도 적게 먹는다.

반면 곡식은 땅으로 돌아가는 것도 많다. 소위 과학영농의 관점에선 땅으로 돌아가는 곡식의 줄거리가 너무 아까울 것이다. 그래서 되도록 줄기를 작게 육종한다. 토종에 비해 개량종들의 키가 작은 것은 그 때문이다. 키가 큰 곡식은 자연스럽게 풀에 대한 경쟁력도 강하다. 곡식들이 대체로 키가 큰 것은 풀을 이기려는 자연스러운 결과라고도 볼 수 있다. 물론 풀을 완전히 이길 수는 없지만, 채소처럼 풀에 녹아내리지는 않는다.

마지막으로 곡식을 재배하면 땅이 좋아진다. 땅을 좋게 하는 녹비작물들에는 곡식들이 많다. 벼도 땅을 좋게 하고 콩도 땅을 비옥하게 하지만 특히 보리가 효과적이다. 녹비작물로 많이 쓰이는 호밀이나 귀리도 마찬가지다. 옛날엔 녹비작물로 콩과 녹두를 많이 썼는데 요즘에는 헤어리베치와 자운영도 많이 쓰인다. 이 작물들 역시 알곡을 먹지 않지만, 잎채소는 아니고 열매가 열리는 것도 아니라 곡식에 가깝다고 볼 수 있다.

3 땅을 갈지 않는다

갈지 않은 땅이 부드러운 이유
갈지 않고도 땅을 부드럽게 만드는 방법

땅을
갈지 않는다

갈지 않은 땅이 부드러운 이유

땅을 갈지 않는다니 그러면 땅이 딱딱해 어떻게 농사짓냐고 되묻는다. 분명한 것은 땅을 갈면 딱딱해진다는 사실이다. 결론부터 말하자면 땅을 갈지 않을 수 있다면 일은 엄청 줄어든다. 일이 반 이상 줄어든다고 해도 과언이 아니다.

먼저 땅을 가는 일, 경운에는 두 종류가 있다는 것을 짚고 넘어가자. 바로 쟁기질과 로터리질이다. 쟁기질은 땅을 깊게 뒤집어엎는 일이고 로터리질은 쟁기질로 뒤엎어진 흙덩어리들을 부수고 표면을 평탄화하는 작업이다. 옛날 말로 하면 써레질쯤 된다.

그런데 요즘은 쟁기질을 별로 하지 않고 로터리질로 쟁기질까지 대신한다는 데 문제가 있다. 기계가 발달해 로터리 치는 것으로 깊게 가는 쟁기질까지 대신해버린다. 기계질은 힘이 많이 든다는 것도 문제지만,

위험하다는 게 더 문제다. 게다가 소규모로 짓는 도시농부가 기계로 땅을 간다는 것은 형편에도 맞지 않는 일이다.

기계가 없던 시절엔 소의 힘을 빌려 쟁기질을 했다. 기계보다 토양에 부담을 덜 주지만, 속도도 느리고 소 다룰 줄 아는 분들이 점점 없어져 요즘은 보기 어렵다. 소 쟁기질로 뒤엎은 흙덩이를 써레질로 곱게 부수고 평탄화했다. 이 또한 매우 힘든 일이고 도시농부는 꿈도 꾸질 못한다.

도시농부에게 제일 좋은 경운은 삽질이다. 요즘은 쉽게 땅을 뒤집는 손농기구도 나왔다. 물론 삽질이 쉬운 일은 아니다. 여자는 도저히 엄두 내기 힘들다. 남편이 흙 뒤집는 일을 도와주지 않으면 여자 혼자 농사짓는 일은 상상도 못 한다. 그러니 생각을 바꿔 삽질을 그만두고 호미로만 농사짓는다 생각해보자. 그럼 농사는 한결 쉬워진다. 여성도 노인도 장애인도 할 수 있는 농사가 된다. 어떻게 호미만 가지고 농사를 지을 수 있을까? 얼마든지 가능한 일이다.

우선 흙이 부드러워야 한다. 부드러운 흙은 흙 알갱이 사이에 적당한 틈이 있어 그 틈이 스펀지 역할을 한다. 틈은 공기와 수분이 통하는 길이자 공기와 물이 고이는 장소다. 또한 작물이 뿌리 뻗는 공간이다. 틈의 벽면에 코팅되어 있는 유기물질은 풍부한 미생물들의 서식처이자 먹이면서 곧, 작물의 먹이다.

이런 틈이 풍부한 흙을 떼알의 흙이라 한다. 알갱이 흙(홑알)들이 뭉글뭉글 떼지어 뭉쳐져 있는 흙을 말한다. 이 떼알의 흙을 도형으로 표현하면 다음 그림과 같다.

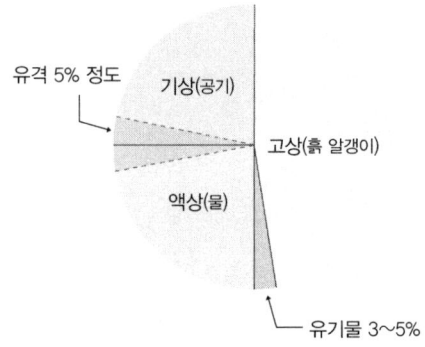

| 흙의 삼상(三相) 구조. 유기물 3~5%는 고정된 수치가 아니다. 이 정도는 되어야 좋은 흙이라고 할 수 있다

 흙 전체 중 광물 입자인 알갱이 흙이 반을 차지하고 있어 이를 고상(固相), 남은 공간의 절반을 차지하고 있는 공기 부분을 기상(氣相), 수분이 차 있는 남은 공간을 액상(液相)이라 한다. 이 공간의 벽면에 칠해져 있는 게 유기물인데 비중이 약 5% 정도 차지하면 비옥한 흙이라 한다.

 반면 딱딱해서 굳은 흙은 이런 삼상 구조를 만들지 못한다. 공기나 수분이 없어 유기물도 없으니 작물이 살 수가 없다. 당연히 미생물도 살 수 없다. 이런 흙은 대부분 강한 산성을 띤다.

 자고로 예부터 농부를 구분하길, 게으른 하농은 풀만 키우고(下農作草), 부지런한 농부는 곡식을 잘 수확하나(中農作穀), 진정한 농부는 흙을 살린다(上農作土) 했다. 그러니까 참농부란 흙을 잘 다스리는 데 있는데 한마디로 말하자면 푹신푹신한 떼알의 흙을 잘 만드는 농부라 할 수 있는 것이다.

 그럼 땅을 갈면 딱딱해지는 이유는 무엇인가? 사실 부드럽게 만들려고 땅을 가는 것인데……. 땅을 밀가루처럼 곱게 갈면 당장은 부드럽다. 그런데 비가 오면 금방 딱딱해지고 만다. 우선 흙을 갈면 떼알의 흙을 다 흩어놓아 홀알갱이로 만들어버린다. 당장은 부드럽지만 흙을 흩어놓아 흙 알갱이의 틈새로 고운 모래입자가 스며들고 마지막으로 점토 입자가 스며들어 틈새를 없애버린다. 그래서 딱딱해지는 것이다. 스펀지 역할을 하는 틈새가 없어져버렸으니.

그런데 왜 우리 농부님들은 매년 흙을 열심히 가는 걸까? 이런 사실을 잘 모를까? 실제로 잘 모르는 농부님들이 많다. 그냥 관행적으로 가는 경우가 많다. 여태까지 그리 해왔고, 남들도 다 그렇게 하니까. 그런데 갈아서 딱딱해졌으니 또 가는 수밖에 없기도 하다. 갈지 않고 흙을 부드럽게 하려면 시간이 필요하고 기술도 필요하기 때문이다.

이 외에도 흙을 딱딱하게 만드는 요인이 있다. 바로 화학비료와 과도한 축분 시비다. 맨땅에 테니스장을 만들거나 축구장, 연병장을 만들 때 땅을 딱딱하게 만들기 위해 뿌리는 게 있는데 뭘까? 바로 소금(NaCl)이다. 여기에서 나트륨(Na)과 염소(Cl)는 염(鹽)이라는 원소인데 이 염은 흙을 홀알로 흩어뿌리는 성질이 있다. 염 중에 나트륨은 흙을 흩어 뿌리고 염소는 토양 중 염도를 높여 또한 흙을 흩어놓는다. 소금이 많은 간척지 흙이나 갯벌 흙이 고운 것도 바로 이 때문이다. 그런데 질소질이 많은 축분이나 화학비료를 뿌리면 마찬가지로 흙이 홀알로 흩어진다.

또한 질산태 질소는 염류를 많이 만들어내는 놈으로 유명한데 바로 토양 중 칼륨이나 칼슘, 나트륨과 결합해 질산염을 만드는 것이다. 염류는 농도가 높아 토양 속 수분을 빨아들여 토양을 말려버리고, 떼알구조를 깨뜨려 결국 흙을 딱딱하게 만든다. 소금도 흙의 수분을 말려 흩어놓는 염의 한 종류이기 때문이다. 흙을 딱딱하게 만드는 염류 중 제일 큰 주범이 바로 이 질산태 질소와 염소다. 그러니 질소질이 풍부한 화학비료와 축분을 많이 뿌리면 땅은 더욱 딱딱해지니 어쩔 수 없이 땅을 기계로 적극적으로 갈아엎어야 하는 것이다. 땅을 부드럽게 만들어주는 떼알의 대표가 지렁이똥, 분변토인데 토양에 염류가 많아지면 이 떼알의 흙을 파괴할뿐더러 지렁이도 죽인다.

어릴 때 땅에서 놀다 지렁이가 나오면 소금을 갖다 뿌려 죽이는 남자애들의 장난과 같은 원리인 것이다. 염류도 떼알의 흙을 죽이지만 기계로 곱게 갈면 마찬가지로 떼알의 흙을 홑알로 죽여버린다.

땅을 갈면 병해충이 더 많이 꼬인다. 땅을 갈면 떼알이 홑알로 다 흩어진다고 했는데 이는 미생물들이 만들어놓은 다양한 망(network)들이 깨진다는 뜻이다. 즉, 떼알의 흙에 존재하는 다양한 물길, 숨길이 깨진다는 것인데 틈새 벽면에 코팅되어 있는 유기물도 산화되어 날아간다. 코팅에 함께 있는 미생물들도 과도하게 산소가 투입되어 죽어버린다. 그렇게 되면 토양 속 병해충 예방 시스템이 깨지는 역효과를 초래한다. 앞에서도 얘기했지만 미생물들은 천연 항생제를 만들어내는데 이 기능이 대폭 저하되어 땅속에는 병원성 세균이 늘게 된다. 또 땅을 갈 때는 그냥

분변토. 지렁이가 만든 분변토는 흙이 떼알로 둥글둥글 뭉쳐져 있어 틈새를 많이 만든다

갈지 않고 미숙거름을 많이 주고 갈기 때문에 땅속엔 미숙거름으로 발생되는 가스가 병해충을 유인하고, 유기물인 이 거름을 먹기 위해 벌레와 병균들이 더욱 증식한다.

그런데 유기물 함유량이 풍부한 흙은 갈 필요도 없을 만큼 푹신하지만, 그보다는 미생물들의 망이 그대로 살아 있어 병해충들의 발생을 억제한다. 게다가 완숙거름을 땅속이 아닌 땅 위에 주기 때문에 더욱 병해충 발생을 억제한다.

이런 무경운법이 성공하게 되면 연작을 해도 피해가 없는 농사가 가능해진다. 나는 대표적인 연작피해 작물인 배추를 같은 자리에 일곱 번이나 심어도 연작피해를 전혀 보지 않았다. 특히 배추는 땅속에서 부화하는 잎벌레들의 피해가 매우 크다. 양파 망처럼 구멍을 엄청 뚫어버리는 벌레인데 씨를 심으면 싹이 난 떡잎을 완전히 갉아 먹어 배추를 흔적도 없이 죽여버린다. 잎벌레는 땅을 갈고 미숙거름을 넣으면 영락없이 나타나 피해를 입힌다. 땅속에서 기생하는 잎벌레는 땅을 갈면 쉽게 땅 위로 올라와 배추를 아주 편하게 갉아 먹는다. 따라서 완숙거름을 주고 땅을 갈지 않으면 잎벌레 피해도 예방할 수 있다. 그뿐만 아니라 유기물이 풍부한 완숙거름에는 무기질 미량 양분도 풍부해 연작피해를 예방할 수 있다.

갈지 않고도 땅을 부드럽게 만드는 방법

땅은 그냥 놔두어도 부드러워진다. 밟지만 않는다면 땅은 저절로 숨을 쉬면서 물길을 내고 숨길을 낸다. 절로 풀이 와서 자라고 생명들이 모여

든다. 산이나 숲에 들어가보면 땅을 갈지 않았는데도 푹신푹신한 것을 보면 알 수 있다. 이렇게 땅이 절로 부드러워지는 비밀은 바로 미생물들과 작은 벌레들에 있다. 작은 벌레들의 대표는 역시 지렁이인데 지렁이 또한 배 속에 수많은 미생물이 살고 있어 흙의 근본 주인은 미생물이라 해야 할 것이다.

흙의 주인은 이런 하찮은 생명들이다. 이런 생명들이 땅을 갈고 부드럽게 만드는 것이다. 미생물들은 땅을 부드럽게만 만드는 게 아니라 땅에 양분을 만들어주기도 한다. 어떻게 보면 양분을 만들어주기 때문에 땅이 부드러워지는 것이다. 양분이란 바로 유기물을 뜻하고 유기물이 풍부해야 땅이 부드러워지기 때문이다.

그럼 이런 원리를 어떻게 적용할 수 있을까? 일단 땅을 딱딱하게 만드는 잘못된 방법을 쓰지 말아야 하고, 반대로 땅을 부드럽게 만드는 자연 원리가 잘 작동되도록 놔두거나 조성해야 한다.

그대로 놔두어도 땅이 부드러워지는 원리를 이용한 옛날식 방법이 바로 화전이다. 숲을 불로 태워 밭을 만드는 것이다. 자연 그대로의 땅은 이미 부드러운 데다 불을 태워 유기물을 충분히 공급했기 때문에 따로 거름을 줄 필요가 없었다. 거름이 경작으로 고갈되면 농사를 그만두고 다시 땅이 자연의 힘에 의해 회복되기 전까지는 돌아오지 않았다. 말하자면 자연의 힘으로 땅이 부드러워지기를 기다린 것이다.

이런 순환 방식의 화전은 숲을 파괴하지 않았다. 오히려 숲을 보전하는 긍정적인 면이 있었다. 숲이 울창해지는 것을 막아 대형 산불을 예방할 수 있었는데, 산불 확산을 막는 일종의 바리게이트 역할을 한 것이다. 무엇보다 땅을 무리하게 고갈시키지 않고 회복될 때까지 기다려 숲이 자생력을 키울 수 있도록 했다. 지금처럼 아마존 밀림의 숲을 대규모로 파괴해 단작 농사를 지어 심각하게 숲과 토양을 침식시키는 상업적인 기계농과는 근본적으로 달랐다.

지금은 화전을 할 수가 없으니 이를 대안으로 말하기는 어렵다. 법적으로 할 수가 없어서가 아니라 이미 자연을 파괴하는 수단이 너무 많아 화전을 옹호했다가는 큰일이 날 수가 있기 때문이다. 실제로 몇 년 전에 산 밑에서 친환경 유기농을 실천하는 분을 만난 적이 있는데, 그분의 얘기를 들으니 참으로 기가 막히지 않을 수 없었다. 차마 이 책에서 그 방법을 소개할 수는 없지만, 아름드리나무들을 몰래 하나씩 죽여가며 밭을 넓혔는데 남이 보기에는 저절로 죽은 나무처럼 만드는 비법이 있었다는 자랑이었다. 그러고는 자기 밭에서 친환경 유기농사를 실천한다고 자랑하니, 웃는 사람 얼굴에 침 뱉을 수는 없어 속으로만 황당해했다. 아마 화전을 합법화했다가는 우리 산천이 또다시 벌거숭이산이 되는 것은 불 보듯 뻔한 일일 것이다.

그렇다면 숲도 살리며 땅도 부드럽게 만드는 무경운 방법에는 뭐가 있을까? 제일 먼저 할 것은 석회를 뿌리는 일이다. 우리나라 대부분의 땅은 산성토양이다. 게다가 유기물은 주지 않고 화학비료만 주며 농사지은 땅은 당연히 산성화되어 있을 터이고, 새 흙이라 해도 우리 토양은 산성암인 화강암이 풍화되어 만들어진 땅이라 무조건 강산성이다. 강산성 토양은 약산성이나 약알카리로 만들어야 하는데 여기에 제일 좋은 것이 바로 석회다.

석회는 산성 땅을 중화시키는 효과도 있지만 그 자체가 칼슘비료라 거름 효과도 있다. 또 칼슘이 전기적으로는 플러스라 마이너스인 흙알갱이와 결합해 흙을 입단(粒團)화한다. 떼알구조의 흙을 만드는 데 즉효다.

처음 땅을 구했을 때는 무조건 토양 검사를 할 필요가 있다. 지역마다 있는 농업기술센터에 흙을 채취해 가면 무료로 토양 검사를 해준다. 제일 중요한 것은 토양의 산성도이다. 그리고 양분 검사를 하면 어떤 양분이 모자란지 보여준다. 처방전도 함께 내주는데 화학적인 방식이라 이를 그대로 따르지 말고 유기질거름으로 대체하는 방법을 알아봐야 한다. 질소, 인산, 칼리, 칼슘을 얼마씩 보충해야 하는데 요소비료를 줄 때는 그 안에 질소 함유량이 표기되어 있어 그 기준에 맞춰 주게 되어 있다. 복합비료를 줄 때도 각각 필요 양분의 함유량을 보고 거기에 맞춰 주어야 한다. 마찬가지로 축분 유기질비료도 양분 함유량이 표기되어 있어 그를 보고 계산해 필요량을 산출해서 주면 된다. 석회는 최소 평당 500~700g씩은 뿌려야 한다. 거름은 석회를 뿌린 뒤 일주일 후에 뿌리는 게 좋다. 자칫 거름에 있는 질소질이 석회와 화학반응을 일으켜 대기로 날아가 버릴 수도 있기 때문이다. 이를 탈질화 현상이라고 한다.

거름은 되도록 완숙된 것을 넣는다. 토양 검사를 통해 토양의 양분 함유량을 조사해 필요량을 계산하는 게 정확하지만 대체로 복토한 새 땅, 즉 양분이 전혀 없는 땅이라면 축분 거름을 평당 10kg 정도 주면 된다. 그렇지 않고 농사짓던 땅이라면 양분 검사를 정확히 하는 게 좋지만, 대체로 평당 5kg 정도 주고 이후 작물이 자라는 상태를 보면서 웃거름을 준다.

석회와 거름을 준 다음에는 땅을 깊게 간다. 이것으로 경운은 처음이자 끝이다. 더는 할 필요가 없다. 아무리 무경운농법이라 해도 처음엔 깊게 가는 게 좋다. 깊게 갈아 산소를 공급해 땅속의 오염된 거름을 태워버리고 유기물을 깊게 넣어 땅속을 비옥하게 해준다. 이 작업은 겨울되기 전에 할수록 좋다.

다음으로 해야 할 일은 최대한 땅에 탄소질이 풍부한 유기물을 공급하는 것이다. 이른바 생태 피복이 대표적이다. 밭에서 나온 부산물도 잘 삭혔다가 다시 밭으로 돌려주고, 근처에 숲이 있다면 숲의 낙엽들을 모아 퇴비로 만들었다가 밭에 깔아주는 것이다. 옛날 조상들이 썼던 것은 갈잎이었다. 논농사에서는 거의 갈잎으로만 거름을 했다. 갈잎은 참나무의 잎줄기들이다. 봄에 논에 물을 대고 산에 가서 참나무의 새순을 낫으로 훑어 모아 논에 공급했다. 갈잎에는 소위 탄질률(C/N)이 낮아 질소질이 적당해서 벼 밑거름으로 괜찮았다. 물론 지금 기준으로 보면 충분한 것은 아니었지만 말이다. 그렇게 갈잎들을 훑어다 거름들을 하다 보니 지금처럼 참나무가 교목으로 자랄 기회가 없었다고 한다. 관목처럼 키가 작은 나무 같았다는 것이다. 사실 참나무는 떨켜가 없어 가을에 잎을 떨어뜨리지 못한다. 겨울에도 누런 잎을 달고 있는 게 참나무들인데, 이런 나무가 교목으로 자라 숲이 울창해지면 누렇게 마른 잎은 마찰에 의해 발화도 잘 되니 대형 산불의 원인이 되곤 한다.

몇 년 전에 돌아가신 훌륭한 친환경 유기농부님이 계셨는데, 그분은 매일 새벽마다 일어나 지게를 지고 산에 올라갔다. 산에서 갈잎 낙엽을 긁어모아 오는 게 일과의 시작이었다. 긁어모아 온 낙엽들은 밭과 가축 우리에 깔아주거나 퇴비간에 쌓아두곤 했는데 그렇게 매일 공급해준 유기물로 밭이 얼마나 부드럽고 거무튀튀하던지. 농약은커녕 요즘 유행하는 친환경약재를 줄 필요가 전혀 없다며 한껏 자랑하셨던 모습이 기억난다.

다음으로 땅을 부드럽게 하는 것은 녹비작물의 재배이다. 녹비라면 말 그대로 녹색의 비료인데 동물성 비료와 대비되는 것으로 거름 목적으로 재배하는 작물이다. 조선시대 농서를 보면 녹비작물로 녹두를 많이 이용했다. 요즘 많이 쓰는 녹비작물은 콩과작물로 헤어리베치와 자운영이 있고 벼과작물로는 호밀과 수단그라스가 대표적이다. 둘 다 10월 초순경(한로) 심는다. 이듬해 봄 3월 하순경(춘분)에 심는 경우도 있는데 가을에 심는 게 더 좋다. 자운영은 따뜻한 남부 지방에 맞다. 일반 유기농가에서는 녹비작물을 이듬해 본 작물을 심기 전 경운으로 갈아엎는 게 보통이지만, 무경운 입장에서는 베어서 땅에 피복하거나 따로 모아 삭혔다가 퇴비로 깔아준다.

콩과작물은 질소질이 풍부해 땅을 기름지게 하고 벼과작물은 탄소질이 풍부해 땅을 물리적으로 개량하는 효과가 있다. 땅을 물리적으로 개량한다는 의미는 토양을 떼알구조로 만들어 토양을 부드럽게 만드는 것이다.

이 녹비작물들을 이용하는 농가에서는 보통 가을에 파종해서 겨울을 나고 봄에 작물을 심기 전에 갈아엎는다. 이는 경운하지 않는다는 것과 대치되는 것처럼 보인다.

그러나 나는 갈아엎지 않고 뽑아서 그냥 땅에 피복하거나 모아 퇴비로 만들어 다시 땅에 뿌린다. 뽑을 때는 뿌리째 뽑지 않고 땅속에 남겨둔다. 뿌리와 줄기가 만나는 곳의 생장점 밑에서 끊으면 뿌리에서 새싹이 다시 올라오지 않는다. 나는 풀을 맬 때도 이런 식으로 한다. 그래서 풀 맬 때는 호미를 잘 사용하지 않는다. 호미는 뿌리째 뽑기 때문이다. 내가 쓰는 농기구는 주로 서서 하는 것으로 뿌리째 뽑지 않고 바로 생장점 밑에서 끊어주기 때문에 토양이 더 부드럽다. 이에 대해선 다음에 자세히 소개하도록 하겠다.

땅속에 남긴 뿌리는 썩어서 유기물이 되고, 뿌리가 있던 자리는 길이 되어 토양의 통기성을 높인다. 그러니 땅을 더 부드럽게 하며 베어낸 줄기 부분 역시 다시 퇴비가 되어 토양으로 돌아오니 이 또한 땅을 더 부드럽게 한다.

다음으로 땅을 갈지 않고 부드럽게 하는 방법으로는 겨울작물, 곧 월동작물을 재배하는 것이다. 제일 좋은 것은 앞에서 소개한 벼과 작물 중 호밀이나 보리 같은 맥류이며, 먹기 위해 재배하는 것으로는 역시 보리가 최고다. 보리는 호밀 못지않은 토양 개량 효과가 있다.

그러나 보리가 아니어도 월동작물이면 무엇이든 좋다. 마늘, 양파, 시금치도 좋다. 일단 겨울작물들은 땅을 보호하는 효과가 뛰어나다. 사실 우리나라의 겨울 날씨는 혹독하다. 땅에 피해를 주는 정도로 치면 역시 한여름 장마가 제일 무섭지만, 그다음으로 춥고 건조한 겨울 날씨가 무섭다. 춥고 건조한 겨울 날씨는 토양을 마르게 하고, 세찬 바람은 토양을 유실시킨다. 태풍의 바람은 높은 곳에서 불지만, 겨울바람은 낮은 땅을 쓸고 간다. 작물들이 땅을 덮고 있어 태풍이 낮게 불더라도 작물은 쓰러지겠지만, 토양이 쓸려 가지는 않는다. 물론 폭우가 토양을 쓸고 가는 게 더 무섭지만, 겨울의 차고 건조한 바람으로 인한 흙의 유실 피해도 무시하지 못한다. 겨울바람의 피해가 제일 심한 곳이 제주도다. 제주도는 예부터 겨울바람으로부터 토양을 보호하기 위해 돌담을 쌓거나 돌로 땅을 눌러주기도 했다. 그래도 역시 바람에 의해 흙이 날아가는 피해보다 건조한 바람에 흙이 말라버리는 것이 더 무섭다. 겨울에 눈이 많이 오면 이듬해 농사가 풍년 든다는 속담이 있다. 보통은 토양에 수분을 공급해주어 좋다고 생각들 하지만, 눈이 토양을 보호하는 효과는 생각하지 못한다.

아무튼 그래서 겨울작물을 심으면 바람에 의해 토양이 건조해지는 것을 막을 수 있다. 특히 마늘이나 양파는 추위 피해를 예방하기 위해 볏짚, 왕겨 등 유기물을 덮어주기 때문에 더 피복 효과가 좋다. 요즘은 비닐로 덮어 보온 효과는 좋을지라도 강제로 표토를 막으면서 공기가 통하지 않아 생기는 부작용이 더 많다.

과거 월동작물을 못 심을 때는 이런 겨울의 피해를 예방하기 위해 겨울 되기 직전에 땅을 깊게 갈아엎었다. 물론 이조차 안 할수록 좋다고 보지만, 불요불급(不要不急)하다면 의미가 없지는 않다. 땅을 깊게 갈면 갈아놓은 경운층이 그 밑의 흙을 보호하는 피복 역할을 한다. 그리고 깊게 갈아엎어놓은 덩이진 흙들은 겨우내 얼었다 녹았다를 반복하며 풀어지고 고와진다. 봄이 되면 교란된 표층은 안정화되고 파종하기 전에 얕게 갈고 써레질을 하여 밭을 준비해두면 된다.

논 같은 경우 따뜻한 남쪽 지방에선 벼 수확 후 보리를 심을 수 있지만, 그럴 수 없는 중부 지방 이북에선 수확 후 볏짚을 갈아엎은 다음 논에 물을 대었다. 겨우내 물을 논에 대는 것은 여러 효과가 있다. 우선 겨우내 물이 얼었다 녹았다 반복하면서 흙을 곱게 만들어놓는다. 물을 머금은 잔돌이나 굵은 입자의 흙이 얼면서 터지기 때문에 고와진다. 그러면 봄에 논흙의 보수성이 높아져 담수력이 좋아진다. 두 번째는 물을 담아놓으면 논의 대표적인 풀인 둑새풀이 억제되고 세 번째로는 물이 볏짚 분해를 촉진한다. 마지막으로 논의 생물다양성도 높아지고 벌레들이 많아져 겨울새들이 몰려든다. 겨울새들은 볏짚 사이의 낙곡들을 주워 먹기 위해서도 찾아오는데 담아놓은 물이 그 효과를 더 촉진한다.

그 외 부수적이지만 아주 재밌는 효과가 있으니 논에 물을 담아놓으면 자연 썰매장이 만들어지고 아이들이 신난다는 점이다. 서울 외곽이 고향인 나도 어릴 때 자연 썰매장이 왜 그리 많았는지 이해를 못 했었는데 옛날 농법을 알고는 '아, 그게 그래서 그랬구나!' 했다.

마지막으로 땅을 갈지 않고 부드럽게 만드는 나만의 노하우를 소개하겠다. 나는 몇 년 전부터 이른바 '틀밭' 또는 '틀두둑'이라고도 하는 방법을 즐겨 쓴다. 이는 두둑에다 긴 나무판자로 테두리에 틀을 두루는 것이다.

1~1.2m 폭의 두둑을 만들고 15cm 정도 폭의 피죽 같은 긴 판자로 틀을 두르기만 하면 틀밭은 금방 만들 수 있다. 피죽이란 원기둥의 원목을 각목 형태로 재단하고 남은 일종의 나무껍질인데, 속에 약간의 나무가 있어 내구성이 어느 정도 있다. 내구성이 매우 떨어지는 것은 땔감으로 쓰이고 내구성이 매우 좋은 것은 인테리어 재료로 쓰인다. 땔감용은 싼

| 틀밭

반면 질이 떨어지고 인테리어용은 좋기는 한데 비싸다는 게 흠이다. 자신에게 맞는 적당한 것을 골라 쓰면 된다.

두둑에 틀을 붙일 때는 피죽의 껍질 쪽을 두둑 안쪽에 닿게 하고 피죽의 안쪽은 두둑 바깥쪽을 향하게 하는 게 좋다. 껍질 부분은 아무래도 내구성이 더 좋아 두둑의 흙이 닿아도 오래간다. 피죽 안쪽의 나무 속살은 흙에 닿으면 잘 삭을 수밖에 없다.

이렇게 틀밭을 만드는 제일 큰 이유는 여름 장마에 흙과 거름이 유실되는 것을 막기 위해서다. 우리나라는 장마 때 폭우가 가장 큰 피해를 준다. 폭우 때문에 흙과 거름이 쓸려 가면 흙은 금방 딱딱해지고 만다. 이게 우리 농사를 망치는 제일 큰 기후 조건이다.

그런데 틀이 흙과 거름의 유실만 막아주는 게 아니다. 흙이 쓸려 내려가지 않으니 작물들이 잘 쓰러지지 않는다. 작물은 뿌리를 내려 흙을 단단히 묶고 있어야 바람에도 잘 쓰러지지 않는 법인데, 뿌리가 잡고 있던 흙이 쓸려 가버리니 어느 작물이 쓰러지지 않을 재주가 있겠는가?

몇 년 전 이태째 틀밭을 처음 만들어 고추를 직파했다. 장마가 시작되자 곧 폭우가 쏟아지는데 하루 동안에만 $200ml$ 이상 내렸다. 비가 얼마나 억수같이 쏟아지는지 걱정이 되어 우비를 쓰고 고추밭으로 올라가 봤다. 차를 끌고 올라가니 아니나 다를까 길이 엉망이었다. 고추밭이 있는 산 쪽을 쳐다보며 올라가니 폭우 중에서도 마치 군데군데 강력한 샤워기를 틀어놓은 것 같은 폭우 줄기가 보였다. 그중에도 한줄기 비가 고추밭에 쏟아지는 것 같아 걱정을 하며 올라갔는데 신기하게도 쓰러진 고추가 하나도 없는 것이 아닌가? 지주도 세우지 않고 끈으로 묶지도 않았는데 고추들은 장대비를 맞으면서도 끄떡없었다. 나는 계속 비를 맞으면서도 그 모습이 신기해 고추를 곰곰이 쳐다보며 궁리하고 있자니 이런 생각이 떠올랐다. 비가 많이 온들 어떠랴! 흙만 쓸려 내려가지 않으면 고추는 얼마든지 버틸 수 있는데…….

▶ 무경운농사법 한 줄 정리

1. 농업기술센터에 토양 검사를 의뢰하여 토양 건강 상태를 진단받는다.

2. 석회를 뿌려 산성토양을 중화시키고 칼슘비료도 공급한다. 평당 500~700g씩 준다.

3. 석회를 준 다음 일주일 정도 지나면, 완숙된 유기질거름을 충분히 뿌리고 땅을 깊게 갈아엎는다. 겨울 되기 전에 석회와 거름 주고 깊게 갈아엎는다. 갈아엎는 일은 이것으로 끝이다.

4. 풀로만 만든 퇴비를 충분히 만들어두었다가 매년 겨울 되기 전 흙 위에 덮는다.

5. 작물 심기 전에 녹비를 재배하여 토양의 유기물 함유량을 높인다. 녹비 중엔 콩과작물인 헤어리베치와 자운영이 있고 벼과맥류작물엔 호밀과 보리가 있다.

6. 풀을 맬 때 되도록 땅속뿌리는 남겨두는 농기구를 사용한다. 딸깍이, 저팔계 등이 좋다.

7. 겨울작물을 꼭 심는다. 보리나 호밀 같은 맥류 녹비작물이나 헤어리베치 등의 콩과작물을 심는 것이 좋지만, 녹비 목적이 아닌 먹거리용 작물을 심어도 좋다. 마늘과 양파도, 시금치도 좋다. 보리는 더더욱 좋다.

| 딸깍이(좌)와 저팔계(우)

4

거름은 직접 만들어 쓴다

돈 주고 사는 거름은 조심해야
거름은 무조건 완숙거름이어야
좋은 거름은 늘 내 안에 있다
거름 만들기의 원리
기타 유기물 재료들로 거름 만들기

거름은 직접
만들어 쓴다

돈 주고 사는 거름은 조심해야

시중에 파는 거름은 대개 가축 똥으로 만든 축분거름이다. 비료관리법에서는 이를 유기질비료라고 하고 비료 포대자루에도 그렇게 쓰여 있어 보통 사람들은 이를 친환경 유기농거름으로 오인한다. 그러나 이런 거름은 이른바 공장식 축분이 원재료이다. 항생제 약품이 함유된 사료를 먹고 싼 축분이라 그것으로 만든 거름을 친환경 유기농거름이라고 할 수는 없다. 그뿐만 아니라 구제역, 조류독감 등 수시로 발생되는 전염병 때문에 일상적으로 예방약품에 노출되어 있어 똥이 깨끗할 리가 없다.

화학약품에 오염된 것뿐만이 아니라 그 똥조차 제대로 발효시키지 않은 미숙거름인 것도 문제다. 거름 포대자루를 열어보면 역한 암모니아 냄새가 진동하는 것을 쉽게 느낄 수 있다. 오염된 거름조차 발효시키지 않은 미숙거름이니 이런 거름을 주면 병해충이 달려드는 것은 불을 보듯 뻔한 일이다.

　미숙거름을 주고 땅을 갈아엎으면 일단 땅속이 오염된다. 미숙거름을 먹으러 각종 벌레들이 온다. 굼벵이, 선충, 고자리파리 구더기 등 다양한 해충과 병원성 세균이 찾아온다. 땅속만 문제가 생기는 게 아니다. 땅 위도 마찬가지다. 미숙거름의 암모니아 냄새가 다양한 해충과 세균을 불러들인다. 이렇듯 미숙거름을 주고 농사짓는 일은 각종 병해충을 불러들이는 농사와 다름없다.

　흙을 살리면 친환경 유기농사, 생태농사는 절로 될 수 있다. 살아 있는 흙 속엔 천연 살균제도 있고 거름도 있다. 그러니 어찌 농사가 쉽지 않겠는가? 흙을 살리는 데 중요한 것 중 하나가 바로 거름이다. 거름은 먼저 미생물의 밥이 된다. 여기서 흙의 진짜 주인이 드러난다. 미생물은 거름을 먹고 무기물을 뱉어내 작물이 무기물을 먹을 수 있게끔 한다. 작물이 유기물인 거름 자체를 먹을 수는 없기 때문이다. 미생물은 거름을 작물의 밥으로 만들 뿐 아니라 천연 항생제를 내뿜기도 한다. 그래서 미생물이 살아 있는 흙에는 천연 항생제가 많아 농약이 필요 없는 것이다.

　오염된 흙에서는 역한 냄새가 나지만 살아 있는 흙에서는 풋풋한 냄새가 난다. 그 냄새는 광물질인 흙 그 자체가 내는 게 아니다. 바로 미생물이 뱉어내는 냄새로 미생물 중에 방선균이라는 놈이 제일 강력한 항생제를 내뿜는다. 풋풋한 흙냄새가 방선균 같은 좋은 미생물이 내뿜는 항생제 냄새다. 이런 좋은 미생물이 많이 와서 살 수 있도록 만들면 농사는 절로 쉽게 될 수 있는 것이다. 그럼 어떻게 해야 하겠는가? 바로 미생물의 밥인 좋은 거름을 주는 게 지름길이다. 그럼 어떤 게 좋은 거름일까?

거름은 무조건 완숙거름이어야

앞서 미숙거름의 문제점을 얘기했으니 완숙거름을 만들어 써야 하는 것은 당연하다. 완전히 발효된 거름은 좋은 미생물, 즉 유익미생물이 많다. 김치가 잘 발효되면 유산균이 많이 증식되는 것처럼 거름도 잘 발효되면 좋은 미생물들이 많이 증식된다. 잘 발효된 거름엔 김치에 많은 유산균도 있지만 아주 적은 편이고 대신 앞서 말한 방선균이 많다.

제대로 발효가 안 된 거름은 산성 상태다. 발효 과정을 거치면서 알칼리 상태로 변했다가 다 발효되면 중성에 가까워진다. 보통 병원성 세균은 산성 상태에서 많이 생긴다. 알칼리 상태를 거쳐 중성으로 가면 유익미생물들이 많이 증식된다.

거름이 발효가 시작되면 온도가 올라가는데 발효가 아주 잘되면 60~70도까지 올라간다. 이 발효열에 의해 나쁜 세균이 죽기도 한다. 거름의 양에 따라 발효열이 좌우되는데 거름 양이 적으면 온도는 많이 올라가지 않는다. 발효열은 거름의 양에 따라 좌우되는데 거름 양이 적으면 온도는 많이 올라가지 않는다.

상업농을 하는 친환경 유기농에서는 원칙적으로 고온 발효가 보름 이상 지속되어야 살균이 된다고 본다. 하지만 이를 텃밭에 적용할 수는 없다. 고온 발효는 거름 양이 최소한 1톤은 되어야 가능한데, 이 정도의 양을 만들 형편이나 환경이 되지 않기 때문이다.

그러나 나는 저온 발효에 의해서도 살균될 수 있다고 본다. 이는 내가 실험을 통해 직접 얻은 결과이기도 하다. 발효 온도가 잘해야 40도 겨우 넘는 정도였는데, 이 정도로 고온 살균이 될 수 없다. 그런데도 병원성 세균(살모넬라, 대장균O157)이 검출되지 않았다.

제 13-05-0002

주소 : 충북 청원군 오창면 각리 642-6
www.heuksailm.com
TEL: (043) 216-8179, FAX: (043) 216-2959

시 험 성 적 서

의뢰인	업체명	텃밭보급소
	주소	서울특별시 강동구 둔촌동 118-1
시료명		퇴비(강동)
의뢰목적		품질 검사
접수일		2012년 12월 27일

시 험 결 과

항목	규격기준(%)		결과	비고
질소(%)	-		1.85	
인산(%)	-		0.07	
가리(%)	-		0.15	
유기물(%)	건물중에 대하여		89.17 (현물중 26.70)	
유기물대질소비(%)	-		14.40	
비소(mg/kg)	건물중에 대하여	-	불검출	
카드뮴(mg/kg)		-	불검출	
수은(mg/kg)		-	불검출	
납(mg/kg)		-	2.51	• 분석방법
크롬(mg/kg)		-	11.05	: 농촌진흥청 비료분석법에 준함
구리(mg/kg)		-	불검출	
니켈(mg/kg)		-	0.95	• 부숙도 측정
아연(mg/kg)		-	29.04	: 증자발아법
염분(mg/kg)		-	(0.49)	
수은(%)	-		70.06	
칼륨(%)	-		0.38	
마그네슘(%)	-		0.07	
부숙도	-		75.7	
대장균 O157:H7	-		(불검출)	
살모넬라	-		(불검출)	
pH	-		7.89	
EC	-		2.087	

※ 이 성적서는 의뢰자가 제공한 시료에 대한 결과로서 용도 이외에 선전, 소송, 기타 법적 요건으로 사용할 수 없음.

2013년 1월 8일

㈜흙 살 림 부설연구소

농촌진흥청 비료 이화학 분석 시험연구기관
농촌진흥청 비료 재배 시험연구기관

흙살림 성분 분석표, 세균 분석 결과표

이는 저온 발효로도 살균이 가능하다는 것을 보여주는데, 이는 고온이 살균하는 게 아니라 발효로 증식된 유익미생물이 살균한다는 뜻이다. 그 대표적인 살균 미생물, 말하자면 세균 천적 미생물이 바로 방선균이라는 놈이다. 이 때문에 좋은 거름이 살균제 역할을 할 수 있는 것이다. 병원성 세균이 득실거리는 미숙퇴비를 넣으면 살균제 없이는 농사를 지을 수 없게 된다.

보통 친환경 유기농을 열심히 실천하는 농가에서도 배추 모종만큼은 한랭사를 덮어 키운다. 아주 촘촘한 그물로서 조그만 벌레 한 마리도 들어갈 수 없도록 되어 있다. 그런데 나는 한 번도 한랭사를 씌워 배추 모종을 키워본 적이 없다. 왜 그럴까? 핵심은 거름과 상토에 있다.

보통 농가에선 상토를 돈 주고 사다 쓴다. 무비료 상토도 있다. 상토의 좋은 점은 무균(살균), 무풀씨(무 잡초씨)라는 것이다. 상토는 화학약품으로 살균을 하고, 풀씨가 없는 피트모스(이끼가 탄화된 흙), 펄라이트(돌가루를 고압으로 뻥튀기한 마사토 같은 흙)를 주재료로 해서 만든다. 이 상토 재료들은 대부분 수입한 것들일 뿐만 아니라 인위적으로 만들어져 문제다.

그런데 이 보다 더 큰 문제는 이 상토에 미숙퇴비나 화학비료를 넣는다는 점이다. 그나마 화학비료는 미숙퇴비와 달리 냄새가 없어 벌레를 불어들이지는 않겠지만, 양분이 편향되어 모종이 자라는 중에 병해충이 달라붙게 된다. 이 상토에 완숙거름을 넣는 것도 분명히 좋은 방법이기는 하지만, 문제는 완숙거름이 아니라 상토에 있다.

나는 상토를 수입 재료가 아니라 자연에서 직접 채취하고 일부는 만들어 쓴다. 흙으로는 밭흙을 쓰는데, 표토를 20cm 걷어내고 속의 흙을 채취한다. 이 정도 깊이의 흙이면 무균, 무풀씨 흙이라 해도 모자람이 없다. 수입이 아닌 우리 환경, 내 밭에서 나온 흙이라 배추 모종이 적응하는 데에도 탈이 없다. 하지만 진짜 노하우는 여기에 있지 않다. 핵심은 왕겨 훈탄에 있다.

벼의 겉껍질인 왕겨는 섬유질이 풍부한 탄소질 재료다. 불을 붙여 숯 만들기 하듯 서서히 태우면 탄(숯)이 되는데 이게 왕겨 훈탄이다.

한 번에 확 태워버리면 재만 남지만 서서히 태우면 왕겨 모양이 남아 있는 탄이 된다. 숯은 그 자체로 살균 효과가 있고 산성을 중화시키며, 악취를 흡수하는 데다가 가리(칼륨) 거름이 되기도 하는 훌륭한 재료다. 탄은 공극(틈새)이 많아 상토의 통기성을 크게 높이고 호기성 미생물을 많이 증식시킨다. 이 공극은 상토의 배수성을 높이기도 한다.

거기에다 탄소질이 풍부한 완숙퇴비를 넣으면 매우 청정한 상토가 되어 병해충을 전혀 불러들이지 않을 뿐만 아니라 있는 병해충도 몰아낸다. 그러니 굳이 한랭사를 씌울 필요가 없는 것이다.

좋은 거름은 늘 내 안에 있다
①오줌

돈 주고 사는 화학비료보다 더 좋은 게 있으니 바로 내 배 안에 있는 오줌이다. 오줌에는 화학비료에 없는 두 가지가 있다. 첫 번째가 '옥신'이라는 식물생장촉진 호르몬이다. 옥신은 특히 뿌리 발육을 촉진하는 역할을 한다. 화학약품이 부족했던 옛날에는 삽목할 때 오줌을 묻혀 심기도 했다. 옛 문헌을 보면 목화를 심을 때 씨를 오줌에 담갔다가 심었다는 기록도 찾아볼 수 있다. 아마 조상들은 경험적으로 오줌에 뿌리 발육촉진제가 있는 줄 알았던 것 같다.

두 번째는 화학비료에는 없는 유산균이 있다. 오줌을 투명한 용기에 담아 뚜껑을 닫고 일주일 정도 지나면 아랫부분에 갈색의 침전물을 볼 수 있다. 이것이 바로 유산균이다. 유산균은 대표적인 유익미생물로 살모넬라 같은 병원성 세균을 제거하는 탁월한 능력으로 많이 알려져 있다.

오줌은 모으기도 쉽고 발효시키기도 매우 쉬운 재료다. 남자야 적당한 용기만 있으면 오줌 받는 일은 누워서 떡 먹기만큼 쉽고 여자도 잘 궁리하면 어렵지 않게 받을 수 있다. 오줌은 이른바 혐기(嫌氣)발효, 즉 공기를 싫어하는 발효를 시켜야 하는데, 오줌을 받은 용기를 뚜껑만 잘 닫아두면 된다. 대표적인 혐기발효의 예는 바로 김치다. 김치는 공기가 들어가면 쉬 상한다. 김치를 잘 눌러두고 공기가 들어가지 않도록 뚜껑을 잘 덮어야 한다. 그러면 유산균이 잘 증식된다. 혐기발효를 통해 생기는 유익미생물은 거의 유산균뿐이다. 그래서 혐기발효를 다른 말로 유산균 발효라고도 한다.

북한에선 김장 김치를 담글 때 물을 자작자작하게 담는다. 아마도 소금이 귀했던 지역이라 물을 담아 공기를 빼내고 혐기 상태를 잘 만들어 오래 보관하고자 한 것 같다.

거름 재료는 뭐든지 겨우내 모아두면 좋은데 특히 오줌을 그렇게 모아두면 봄에 발효가 아주 잘된다. 얼었다 녹았다를 반복하면서 색깔도 맑은 담갈색으로 고와지고 냄새도 거의 없어진다. 그 담갈색이 어찌나 고운지 꼭 담갈색의 토종꿀 같은 느낌마저 들어 냄새도 가셨겠다 한번 손가락으로 찍어 먹어보면 어떨까 하는 충동에 머리를 흔들어대곤 한다.

②똥

다음으로 내 몸 안에서 배출되는 훌륭한 거름 재료는 바로 똥이다. 더럽다는 선입견을 버리고 관리만 잘하면 발효도 아주 쉽고 거름 효과도 꽤 뛰어나다. 똥은 입에서 잘게 부서진 음식물이 배 속에서 따뜻하게 데워져 배출된 것이기 때문에 부드럽고 발효가 잘된다. 조리된 음식물의 소금기도 배 속에서 흡수되었기에 염분도 줄어 음식물보다 발효가 더 잘된다. 게다가 영양가도 뛰어나다. 사람이 가축보다 영양이 더 풍부한 음식물을 먹기도 하지만 소화 흡수력이 낮아 영양분의 30%만 흡수하고 나머지는 배출된다고 하니 영양가가 높지 않을 수 없다. 일반적으로 동물은 먹은 것의 50%만 흡수하지만, 사람은 그 보다 더 적게 흡수하는 데다 인분에는 인산거름이 많아 호박, 참외, 수박 같은 과일채소의 맛을 달게 한다.

똥을 발효시키려면 마른 재료인 톱밥이나 왕겨, 또는 부엽토가 필수적이다. 수분을 조절하기 위해서도 필요하지만, 탄소질 유기물을 제공하기 위해서도 필요하다. 똥은 대표적인 질소질 거름으로 질소질이 과다하면 발효가 잘 안 된다. 탄소질과 적절한 비율을 맞춰야 발효가 잘 일어나는데 이는 발효 미생물이 탄소질과 질소질 양분을 다 필요로 하기 때문이다. 이는 바로 음식물찌꺼기 거름 만들기에서 자세히 설명하도록 하겠다.

아무튼 똥은 이런 마른 재료를 구해다 잘 버무리기만 하면 발효가 절로 일어나는데 이를 호기(好氣)발효라 한다. 혐기발효를 시켜야 하는 오줌과 정반대다. 똥도 혐기발효를 시킬 수 있지만 이는 꽤 어렵다. 호기발효는 톱밥 같은 마른 재료만 섞으면 아주 쉽다. 톱밥 입자 사이의 공극에 있는 공기가 호기발효를 시키는 것이다. 그래서 밀가루 같은 고운 입자보다는 왕겨 정도 굵기의 거친 톱밥이 좋다. 똥의 양보다 1.5~2배로 톱밥을 넣으면 된다. 똥의 수분 함유량에 따라 톱밥의 양을 조절하면 된다.

우리 농장 회원 중에는 버스 타고 1시간 걸리는 집에서 똥을 받아 오는 여성 한 분이 있다. 승용차도 없는데 똥을 잘 받아서 밀폐 용기에 담아 예쁜 보자기로 싸 들고 온다. 당연히 톱밥을 섞어 담았으니 냄새도 나지 않고 버스 옆자리 사람도 그 실체를 알지 못한다. 혹시 누가 꿀단지로 오해하고 소매치기라도 해 가면 어떻게 하나, 상상해볼 만큼 정성을 다해 싸 가지고 온다. 그분은 채식주의자라 냄새도 덜 난다. 호기심에 그분 퇴비간을 들춰보았더니 역시 예상대로 냄새도 없고 발효가 잘 되고 있었다. 그분은 오래전에 나에게 농사 배우러 왔지만, 지금은 우리 농장에서 최고를 자랑할 정도로 농사를 잘 짓는다. 귀농해도 남부럽지 않을 정도다.

앞서 잠깐 얘기했듯이 똥도 혐기발효가 가능하다. 몇 년 전 충남 당진에서 오랫동안 친환경 유기농을 실천하고 계신 한 어르신 댁을 방문한 적이 있었다. 인분을 비롯해 우분까지 직접 모은 유기물 폐기물을 거름으로 만들어 농사짓는 것에 큰 감동을 했는데, 특히 뒷간을 보고 놀라지 않을 수 없었다. 전혀 꾸민 흔적도 없고, 좋은 재료로 만들어놓은 것도 아닌, 그냥 시골에서 흔히 볼 수 있는 재래식 화장실이었다. 아주 깔끔하게 청소도 되어 있는 데다 냄새도 전혀 나질 않았다. 어르신께 뒷간 관리를 어떻게 하기에 이렇게 깨끗한지 여쭤보았더니 시간 나는 대로 수시로 가서 긴 작대기로 똥을 휘저어놓는 일만 한다고 했다. 적당히 멀건 죽 상태가 되도록 젓기만 한다는 것이다. 물기가 모자라면 쌀뜨물이나 따로 모아둔 오줌을 붓기도 하고, 수분이 과하다 싶으면 재나 왕겨 등을 추가하기도 한다. 여름에는 금방 파리 구더기가 끼기 때문에 보름에 한 번 그렇게 휘저어놓은 멀건 죽 상태의 똥물을 퍼다가 밀폐 물탱크에 담아놓는다고 한다. 봄가을에는 한 달에 한 번쯤, 겨울에는 그냥 놔두었다가 봄에 날 풀렸을 때부터 다시 휘젓는다. 그러면 구더기가 낄 틈도 없고 혐기발효가 잘되어 냄새도 덜하며, 물탱크에 담아놓으니 전혀 문제가 없다고 한다. 물탱크에 밑에는 수도꼭지가 달려 익었을 때가 되면 꼭지를 틀어 양동이에 담아 물을 더 타서 작물에 웃거름으로 준다. 참으로 대단한 정성이 아닐 수 없다.

옛날엔 다들 이렇게 재래식 화장식을 이용했다고 한다. 이게 바로 똥을 혐기발효시킨 전형적인 방법이라 할 수 있다. 작대기로 잘 섞고 멀건 죽 상태로 만들어놓으니 혐기 상태가 고르게 조성되어 발효가 잘 일어나는 것이다. 혐기발효의 장점은 무엇보다도 양분 손실이 적고 발효가 천천히, 고르게 일어나 재료가 충분히 숙성된다는 것이다.

③음식물쓰레기

요즘은 음식물쓰레기가 넘쳐 나는 세상이다. 원래 음식을 남긴다는 것은 상상할 수 없는 불경한 일이지만, 요즘에는 외식 문화가 일상화되어 전혀 꺼리지 않는 일이 되었다. 남기지 않는 것도 중요하지만, 이제는 남은 음식물을 어떻게 자원화하느냐가 더 중요한 일일 수 있다.

음식물쓰레기도 훌륭한 거름 재료다. 다만 염분이 있고 분쇄되지 않은 게 흠이다. 염분 문제를 해결하는 방법으로는 조리하기 전에 다듬고 남은 음식물을 따로 분리해 발효시키는 것이다. 전처리 음식물을 따로 분리해 발효시키면 염분이 없어 잘된다. 분쇄되지 않은 재료라는 점은 어쩔 수 없는 문제다. 최대한 분쇄하도록 노력하는 게 중요하다.

조리한 음식물에는 염분이 많은 게 사실이다. 염도를 측정해보면 대체로 3~4% 정도 나온다. 거름으로 쓰려면 최소 2% 이하가 되어야 하니 당연히 기준 초과다. 그러나 음식물을 발효시키기 위해 톱밥이나 왕겨를 넣어 섞으면 염도는 바로 절반 이하로 떨어진다. 그러니까 기준치 이하로 떨어지는 것이다. 그마저 발효가 다 진행되고 나면 더 떨어진다. 발효 과정에서 나트륨(Na)과 염소(Cl)가 분리되기 때문이다. 음식물거름은 염도 때문에 쓰지 못한다는 것은 선입견에 불과하다. 성분 분석표(61쪽 참조)에 보면 염도가 0.49%로 기준치보다 훨씬 밑도는 것을 확인할 수 있다.

그렇지만 음식물거름은 비닐하우스 같은 폐쇄된 공간보다 노지에서 쓰는 것이 좋다. 아무래도 나트륨과 염소는 염류로 변질되어 토양에 축적될 수 있기 때문이다.

그럼 음식물거름 만드는 방법을 소개하겠다. 먼저 100ℓ 이상 되는 고무통을 준비한다. 반드시 뚜껑이 달린 것이어야 하고 통이 클수록 발효가 잘된다. 보온이 잘되고 외부 환경 변화에도 영향을 덜 받아 미생물이 잘 증식하기 때문이다.

통 바닥에는 연필 두께만 한 구멍을 여러 개 뚫는다. 많이 뚫을수록 좋다. 이 구멍을 통해 침출수가 배출되기도 하지만, 공기가 통하기도 한다. 이렇게 고무통을 준비해두면 음식물을 버릴 때마다 음식물 한 삽에 톱밥 두 삽을 부어 음식물과 잘 섞어두기만 하면 된다.

단체 급식소 같은 곳에서 한 번에 많이 배출되는 음식물을 발효시키

유공관 퇴비통 제작하기

1. 고무통 뚜껑에 유공관을 끼워 넣을 구멍을 뚫는다.

2. 고무통 바닥에도 유공관을 끼워 넣을 구멍을 뚫는다.

3. 고무통 바닥에 공기 구멍을 뚫는다.

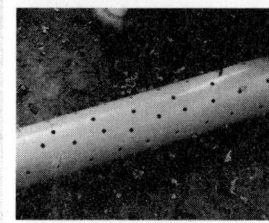
4. 유공관으로 쓸 파이프에 공기 구멍을 뚫는다.

5. 유공관 하단에 고정핀 구멍을 뚫는다.

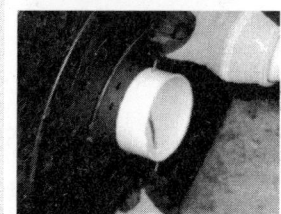
6. 고정핀을 이용해 유공관을 퇴비통 바닥 구멍에 끼워 고정한다.

7. 유공관을 설치한다.

8. 고무통 뚜껑에 뚫어 놓은 구멍에 유공관을 끼워 넣어 퇴비통을 완성한다.

9. 퇴비통의 완성. 음식물과 톱밥을 1 대 1.5 비율로 섞는다. 수분이 많으면 톱밥을 좀 더 투입하고 뼈, 비닐 등은 음식물에서 제거한다. 손으로 뭉쳤을 때 만두 모양이 나올 정도의 수분 함유량(약 60%)이면 좋다.

10. 퇴비통 설치. 음식물 투입 전, 퇴비통 바닥에 벽돌을 놓는다. 설치 장소는 급식실과 약간 떨어진 곳이 좋고 바닥은 흙이 있는 곳이 좋다. 옆의 고무통은 톱밥 보관통이다.

| 텀블러 퇴비통

려면 특별한 통을 제작해야 한다. 고무통 바닥에 똑같이 구멍을 많이 뚫는 것까지는 똑같다. 여기서 핵심은 지름 7cm 되는 유공관을 수직으로 설치하는 것이다. 앞서 소개된 〈유공관 퇴비통 제작하기〉 사진을 참고하면 어렵지 않게 만들 수 있다.

텀블러식 퇴비통은 대량 생산을 위해 금형을 만들어 제작한 퇴비통이다. 이는 누구나 쉽게 사용할 수 있도록 제품화하고 특허를 받은 제품이다. 가격이 조금 비싸다는 게 흠이어서 구태여 이렇게 좋은 걸 쓸 필요는 없겠지만, 기관에서 단체 급식 잔반을 처리할 때는 매우 유용하다.

거름 만들기의 원리
① 탄질률(C/N)
거름 만드는 데 반드시 알아야 할 것은 탄소질(Carbon)과 질소질(Nitrogen), 그리고 그 둘의 비율이다. 발효의 주인공은 미생물이다. 탄소질은 미생물의 에너지이고 질소질은 밥이라 보면 된다. 두 성분의 비율이 잘

균형 잡혀야 미생물이 밥(질소질)도 먹고 힘(탄소질)도 낼 수 있다. 탄소질과 질소질의 비율을 탄질률, C/N율이라고도 한다. 탄질률이 크면 발효 속도가 더디다. 질소질 먹이가 부족하니 미생물이 힘을 내지 못한다. 반대로 질소질이 많으면 미생물에게 먹이만 많고 에너지는 부족하다. 배 터져 죽는 식으로 미생물이 밥을 먹는 데 필요한 에너지는 없고 숨도 쉬지 못해 죽고 만다. 나쁜 혐기성 세균만 득실거리고 발효가 되는 것이 아니라 부패해버리고 만다.

보통 유기물이라 하면 탄소를 기본 골격으로 하여 수소(H)와 산소(O)로 이루어진 복합 화합물을 뜻한다. 탄소의 화합물이지만 유기물이 아닌 것들도 있다. 금속성 탄산염, 가령 다이아몬드와 흑연은 유기물이 아니다. 또 시안화물이라고 해서 시안화나트륨(NaCN), 시안화수소(HCN)도 유기물이 아닌 독성 물질이다. 수소가 없는 탄화물, 즉 일산화탄소(CO), 이산화탄소(CO_2)도 유기물이 아니다. 그런 예외를 제외하고 불에 타거나 썩는 탄소화합물을 통칭해서 유기물이라고 보면 된다.

복잡한 구조를 단순화시켜보면 탄소와 수소와 산소가 결합한 게 탄수화물, 여기에 질소가 붙으면 단백질이 된다. 그런데 왜 탄소가 모든 유기물의 기본이 되었을까? 그것은 탄소가 전자를 동서남북 사방으로 네 개를 갖고 있어 무슨 원소든지 자유롭고 다양하게 결합할 수 있어 복합 화합물을 만들기가 수월해서다.

탄소질이 모든 유기물의 뼈대라면 질소질은 단백질의 핵심 원소로서 유기물의 살이라고 할 수 있다. 산소와 수소는 공통 원소이며 대기에 얼마든지 있으므로 공기와 수분 조절만 잘하면 재료 확보에 어려움이 없다. 그러나 탄소와 질소는 따로 준비해야 하는데, 대표적인 탄소 재료는

〈유기물 재료의 탄질률(C/N)〉

탄질률(C/N)이 높은 재료들		탄질률(C/N)이 낮은 재료들	
낙엽	40~80 : 1	채소찌꺼기	10~20 : 1
톱밥	200~750 : 1	과일찌꺼기	20~50 : 1
대패밥	450~800 : 1	커피찌꺼기	20 : 1
바크	100~400 : 1	잔디찌꺼기	10~25 : 1
밀짚	50~150 : 1	면실박	10 : 1
신문지	400~900 : 1	혈분	3 : 1
골판지	600 : 1	말똥	20~50 : 1
볏짚, 왕겨	70 : 1		

톱밥, 왕겨, 부엽토이고 질소는 오줌, 똥, 음식물찌꺼기가 대표적이라 할 수 있다.

가장 발효되기 쉬운 탄질률은 20~30이다. 질소질이 1이라면 탄소질이 20~30이라는 뜻이다. 이 탄질률에 근접한 재료가 바로 커피찌꺼기로 20이다. 콩과식물들의 탄질률이 대개 이 값에 근접하는데 커피찌꺼기도 콩과식물이라 그렇다. 그래서 수분만 적당하면 절로 발효가 일어난다. 발효가 어느 정도 진행되면 푹 주저앉아 공극이 줄어버려 산소가 모자라게 되므로 뒤집어주어 산소를 공급해야 한다. 대표적인 유기물 재료들의 탄질률은 외워두면 도움이 된다.

그러나 위의 탄질률은 이론적이어서 계산하기 쉽지 않다. 탄소질 재료에도 질소질이 있고 질소질 재료에도 탄소질이 있어 실제로 두 재료를 섞을 때는 탄질률을 단순하게 적용할 수가 없다. 또 대체로 질소질 재료에는 수분이 많아 더 단순하지 않다.

그래서 똥이나 음식물의 질소질 재료와 톱밥 같은 탄소질 재료를 섞을 때는 대략 1 대 1.5~2 정도로 섞는다. 위의 탄질률은 마른 상태의 무게 기준이라고 보면 되는데 실제로는 젖은 재료들을 일일이 말릴 수는 없고 수분을 감안해 이 정도 비율로 한다고 보면 된다. 실제 만들 때는 수분 상태를 기준으로 마른 재료의 양을 결정해 섞는다.

한번은 시의 청소과에서 일하는 공무원들이 찾아온 적이 있었다. 가을이 되면 가로수 낙엽과 전지한 가지들 처리 때문에 골치인데, 이를 거름으로 만들 방법을 물어보러 온 것이다. 일단 낙엽과 가지를 파쇄해서 오줌과 버무리면 발효가 잘된다고 했더니 "아니, 오줌이 어디 있어요?" 한다. "오줌 안 누세요?"라고 거꾸로 답했지만 이해를 못 해서가 아니다. 요즘 오줌 모으는 데도 없고 시설도 없으니 말이다. 하는 수 없이 편법을 일러주었다. 요소비료를 사다가 물에 타서 듬뿍 뿌리고 뒤적거려주라고 했다.

또 한 번은 귀농한 한 분이 연락을 해 왔다. 풀 나지 말라고 우드칩(전지한 가지를 굵게 썰어놓은 것)을 잔뜩 깔았더니 풀은 나지 않는데 작물도 자라지 못한다는 것이다. 직접 현장에 가보았더니 고추 모종이 점점 말라 죽어가고 있었다. 우드칩을 한 뼘 정도의 두께로 600평이나 되는 밭에 깔았으니 까는 일도 보통이 아니었을 것이다. 밭에다가는 거름을 주었냐고 물었더니 우분거름을 잔뜩 주었다고 한다. 그럼 왜 이런 문제가 발생한 걸까?

우드칩은 바크만큼 탄질률이 높은 재료다. 우드칩을 발효시키려면 질소질 재료가 많이 필요하다. 바크 탄질률을 최대 400 대 1로 보았을 때 그것을 20 대 1로 교정하려면 질소질을 20으로 높여야 하니 보통 어려운 일이 아닐 것이다. 그분은 우분을 고추밭 면적에 맞게 필요한 만큼 주었다고 하니 우드칩을 분해하기 위한 질소질 거름은 하나도 안 주었다고 할 수 있다. 그러니 우드칩을 미생물이 분해하려면 질소질 먹이가 필요한데, 고추 먹을 질소질만 주었으니 어떻게 되겠는가? 당연히 미생물은 우드칩을 분해하기 위해 고추가 먹을 질소질을 빼앗아 먹을 수밖에 없지 않겠는가? 고추가 굶는 것은 당연한 일이었다. 고추 먹을 질소질은 건들지 않고 우드칩을 분해할 거름을 주려면 최소 20배는 더 주었어야 했다. 이렇게 설명을 하니 그제야 이해를 했다.

"그럼 어떻게 해야 합니까?"

"오줌을 잔뜩 뿌려주면 됩니다." 했더니 앞의 공무원처럼,

"그 많은 오줌을 어디에서 구합니까?" 한다. 공무원에게 일러준 것처럼 할 수는 없고, 농촌 마을이니 축분을 구해다 물에 잔뜩 풀어 뿌리라 일러주고 왔다. 그래서 거름 만들기의 핵심은 바로 탄질률을 맞춰주는 데 있다고 한 것이다.

② **수분**

다음으로 조절할 것이 수분이다. 적당한 수분은 50~60%이다. 가령 마른 재료 10kg을 준비했다면 물 50~60ℓ와 섞는 것이다. 일일이 수분을 측정할 수는 없는 일, 잘 섞은 재료를 만두 크기만 하게 손으로 꽉 쥐어 폈을 때 물기는 없지만 흐트러지지 않는 정도가 알맞다. 몇 번 해보면 감이 잡힌다.

수분이 모자라면 발효가 지체된다. 미생물도 물을 먹어야 하기 때문이다. 그러나 물이 과다하면 거름 재료들의 공극이 메워져 혐기 상태로 바뀌게 된다. 당연히 호기발효가 제대로 진행될 수 없다. 그렇다고 혐기

발효가 진행되느냐 하면 별로 그렇지도 않다. 제대로 된 혐기 상태도 아니기 때문이다. 오히려 부패가 진행되어 구더기나 벌레가 많이 끼고 병원성 세균들이 증식한다.

톱밥과 똥의 비율을 잘 맞추고 수분도 잘 조절해 섞었다면, 전체 양은 많을수록 좋지만 최소 100ℓ는 넘게 만든다. 앞에서 소개한 고무통을 이용해 만들어 쟁여두면 된다. 겨울 외에는 발효가 잘 일어나는데 3주 지나면 어느 정도 익어 거름 재료가 대략 70%까지 주저앉는다. 이는 재료들의 공극이 줄어들었기 때문인데 공기가 모자라다는 뜻이다. 그러면 미리 준비해둔 옆의 빈 통에다 옮겨 담는다. 옮기는 과정에서 절로 공기가 들어가고 재료들의 공극이 복원된다. 이렇게 옆의 통에다 옮겨놓으면 2차 발효가 진행된다. 1차 발효 때 덜 익은 재료들이 익은 재료들과 잘 섞여 2차 발효가 잘된다. 다 익는 데 한 달 정도면 충분하다.

보통 거름을 만들 때는 꼭 발효제를 넣으라고 한다. EM(Effective Micro-organism: 유용미생물)이 아마 제일 많이 쓰일 것이다. 그런데 발효제를 구태여 넣을 필요가 없다. 이유는 간단하다. 김치나 장을 담글 때 누가 발효제를 넣는가? 오히려 발효제를 넣으면 더 맛이 없다. 재료들을 적당한 비율로 넣고 환경만 제대로 조성해주면 미생물은 절로 생기는 것이다. 미생물이란 게 냉장고 안에도 있는데 따로 투입할 필요가 없다. 사실 재료 자체에서 절로 미생물이 증식하고 숙성하는 것이 더 발효가 잘되는 것이다. 그래야 재료가 더 깊게 익고 좋은 재료로 바뀔 수 있다.

그 외 발효제가 아닌 재료들도 넣을 것을 권한다. 대표적인 것이 쌀겨다. 물론 쌀겨가 있어서 넣으면 좋지만, 꼭 넣을 필요는 없다. 쌀겨는 당분이 있어 발효를 잘되게 한다. 나는 최소한 탄소질 재료와 질소질 외에 꼭 넣어야 할 것은 없다고 본다. 돈을 주면서까지 추가 재료들을 힘들게 투입할 필요가 없다는 것이다. 거름 만들기를 괜히 어려운 일처럼 느끼게 하는 일이다.

기타 유기물 재료들로 거름 만들기

커피찌꺼기는 앞에서 말했듯이 탄질률이 20 대 1인 재료로 그 자체로 두어도 발효가 잘되는 재료다. 다만 수분과 공극이 문제인데, 커피숍에서 나온 것은 수분 상태가 적당하니 구해다가 그 상태로 용기에 담아둔다. 담을 때는 되도록 재료가 부슬부슬하게 손으로 뒤적거려 최대한 공극을 확보해두는 게 좋다. 한 보름이나 삼 주 정도 지나면 발효가 어느 정도 진행되어 70%가량 부피가 줄어든다. 그러면 한 번 더 뒤적거려 이를 두세 번 정도 해주면 발효가 된다. 발효가 다 되면 커피 냄새는 없어지고 풋풋한 냄새가 난다.

그런데 커피찌꺼기의 공극을 확보해주는 방법으로 좋은 것은 거친 톱밥을 섞는 것이다. 그러면 통기성이 좋아 호기발효가 잘된다. 문제는 탄질률이 높아지고 수분은 떨어진다는 것이다. 나는 이를 보강하기 위해 질소질 재료인 오줌을 보충한다. 그러면 탄질률 문제와 수분 문제를 동시에 해결할 수 있다.

한약재찌꺼기도 거름으로 매우 훌륭한 재료다. 탄질률도 적당하려니와 수분도 적당하다. 공극이 문제인데 앞의 커피찌꺼기처럼 톱밥을 보충하면 좋다. 비율은 대중없다.

쌀겨도 매우 훌륭한 거름 재료인데 무엇보다도 쌀겨에는 인산질이 많다. 인산질 거름은 거름의 3대 요소인 질소, 칼리, 인산의 하나로 필수 다량 요소이다. 인산은 DNA를 구성하는 요소로 성장기 세포 분열하는 데 필수 양분이다. 뭐든지 마찬가지겠지만 작물도 초기 생육 성장이 중요한데 이때 없어서는 안 되는 영양소다. 쌀겨는 현미를 깎은 속껍질로 대형마트나 정미소에 가면 쉽게 구할 수 있는 재료다. 먹을 것이 귀한 시절에는 사람이 직접 식량 대용으로 먹기도 했고 가축 사료로도 매우 훌륭한 먹거리였다.

쌀겨는 당분도 많아 발효가 아주 잘되는 재료이다. 다른 거름 재료에 발효촉진제처럼 쓰기도 한다. 보통은 쌀겨를 깻묵(기름 짜고 남은 들깨나 참깨 덩어리)과 섞어 고농축 질소, 인산질 비료를 만들어 쓰기도 한다. 쌀겨와 깻묵을 1 대 1로 섞고 여기에 숯가루나 왕겨 훈탄 또는 왕겨를 0.5~1 정도로 섞고 수분은 30% 공급해 잘 섞으면 매우 빠르게 발효가 된다. 풀썩 주저앉으면 뒤집기를 하고 또 풀썩 주저앉으면 뒤집는다. 두 달이면 충분히 발효가 된다. 쌀겨거름은 밑거름으로 쓰지 말고 웃거름으로 쓴다.

깻묵도 좋은 웃거름 재료가 될 수 있다. 가장 쉬운 것은 물에 담가 발효시켜 액체비료(액비)로 쓰는 것이다. 깻묵을 마대자루에 담고 5배의 물에 담가둔다. 마대자루에 담지 않고 그냥 물에 담가두면 구더기가 엄청 낀다. 깻묵도 농도가 높은 질소질 재료라 발효 과정 중에 암모니아 냄새가 많이 나 구더기가 끼게 된다. 마대자루에 담으면 구더기를 예방할 수 있다. 마대자루가 물 위에 뜨지 않게 무거운 돌 등으로 눌러 물속에 푹 담그면 더 좋다. 물에 담그면 절로 풀어지기 때문에 깻묵을 힘들여 깰 필요는 없다. 쌀겨가 있으면 함께 넣는다. 발효가 더 잘되고 양분도 풍부해진다. 두 달 정도 지나면 발효되는데 이 액을 5배의 물로 희석해 작물에 웃거름으로 뿌리면 좋다.

달걀 껍데기도 좋은 거름 재료로서 칼슘거름이라고 할 수 있다. 칼슘은 세포막을 형성하기 때문에 칼슘이 결핍되면 과육껍질이 갈라지거나 새순이 물러진다. 달걀 껍데기를 대충 말려 손으로 거칠게 부순 다음 현미식초에 자작하게 담가둔다. 보름 정도 지나면 익는데 냄새가 아주 고약하다. 이를 물로 희석해서 써야 하는데 300~500배로 희석해 쓰면 된다. 칼슘은 식물 체내에서 이동성이 느린 양분이다. 뿌리에서 흡수해 새순이나 열매까지 보내주는 데 꽤 시간이 걸린다는 뜻이다. 그러니 달걀 껍데기 액비를 직접 잎에 살포하면 응급 효과를 볼 수 있다. 늦은 봄에는 꼭 가뭄이 오는데 이때 칼슘이 결핍되기 쉽다. 칼슘은 물이 없으면 토양에 충분히 있어도 작물이 흡수하지 못한다. 이럴 때 달걀칼슘액비를 뿌리면 예방할 수 있는 것이다.

조개껍질 같은 각종 패화석도 훌륭한 칼슘거름이 된다. 다만 거름으로 만들기 쉽지 않은 게 문제다. 껍질을 그대로 거름으로 쓸 수는 없고, 불에 구운 다음 쇠절구에 빻아 가루로 만들어야 쓸 수 있다.

가을 낙엽도 좋은 거름 재료로서 대표적인 탄소질 재료이다. 다만 침엽수 낙엽과 활엽수 낙엽을 구별해 써야 한다. 침엽수는 독이 있어 발효가 잘되지 않고 발효시키지 않은 채 쓰면 부작용이 있다. 소나무 잎 같은 침엽수도 있지만, 은행잎도 침엽수라는 것을 알고 있어야 한다. 솔잎 같은 가느다란 잎이 모인 게 은행잎이다.

가로수 낙엽을 사용할 때는 조심해야 한다. 환경미화원 아저씨들이 빗자루로 마구 쓸어 모은 것이라 쓰레기가 많이 섞여 있다. 공원 낙엽이나 아파트 낙엽이 훨씬 낫지만, 그래도 쓰레기가 있다. 낙엽은 파쇄기로 파쇄해야 발효가 잘되는데 개인이 파쇄기를 장만하기는 쉽지 않으니 적당한 공간을 확보해 야적해두고 틈나는 대로 오줌과 쌀뜨물, 설거지물을 붓는다. 장맛비 같은 많은 비는 스며들지 않도록 관리하는 게 좋지만, 봄가을에 내리는 소량의 비는 맞아도 상관없다. 바닥은 맨땅이면 좋다. 지렁이가 와서 분해하기 때문이다.

많은 사람이 낙엽에는 중금속 같은 오염물질이 많지 않을까 걱정한다. 그런데 막상 성분 분석을 해보니 뜻밖에 기준치 훨씬 이하의 수치가 나왔다.* 폐 신문지도 거름으로 만들 수 있다. 다만 이것도 파쇄해야 한다. 위의 탄질률 표를 참고해 탄질비만 맞추면 된다. 앞의 낙엽퇴비 만들기처럼 말이다.

* 낙엽퇴비 중금속 잔류 분석표

시료번호	시료내용	Fe (mg/kg)	Zn (mg/kg)	Mn (mg/kg)	Cu (mg/kg)	Pb (mg/kg)	Cd (mg/kg)	As (mg/kg)	Cr (mg/kg)	Ni (mg/kg)	Hg (mg/kg)
1	낙엽 퇴비	3,885.092	49,100	134.797	12.472	6.711	0.115	0.805	19.804	9.059	0.0521
2	가축분퇴비 기준	—	900 이하	—	360 이하	130 이하	5 이하	45 이하	200 이하	45 이하	2 이하
3	일반퇴비 기준	—	1,000 이하	—	400 이하	130 이하	5 이하	45 이하	250 이하	45 이하	2 이하

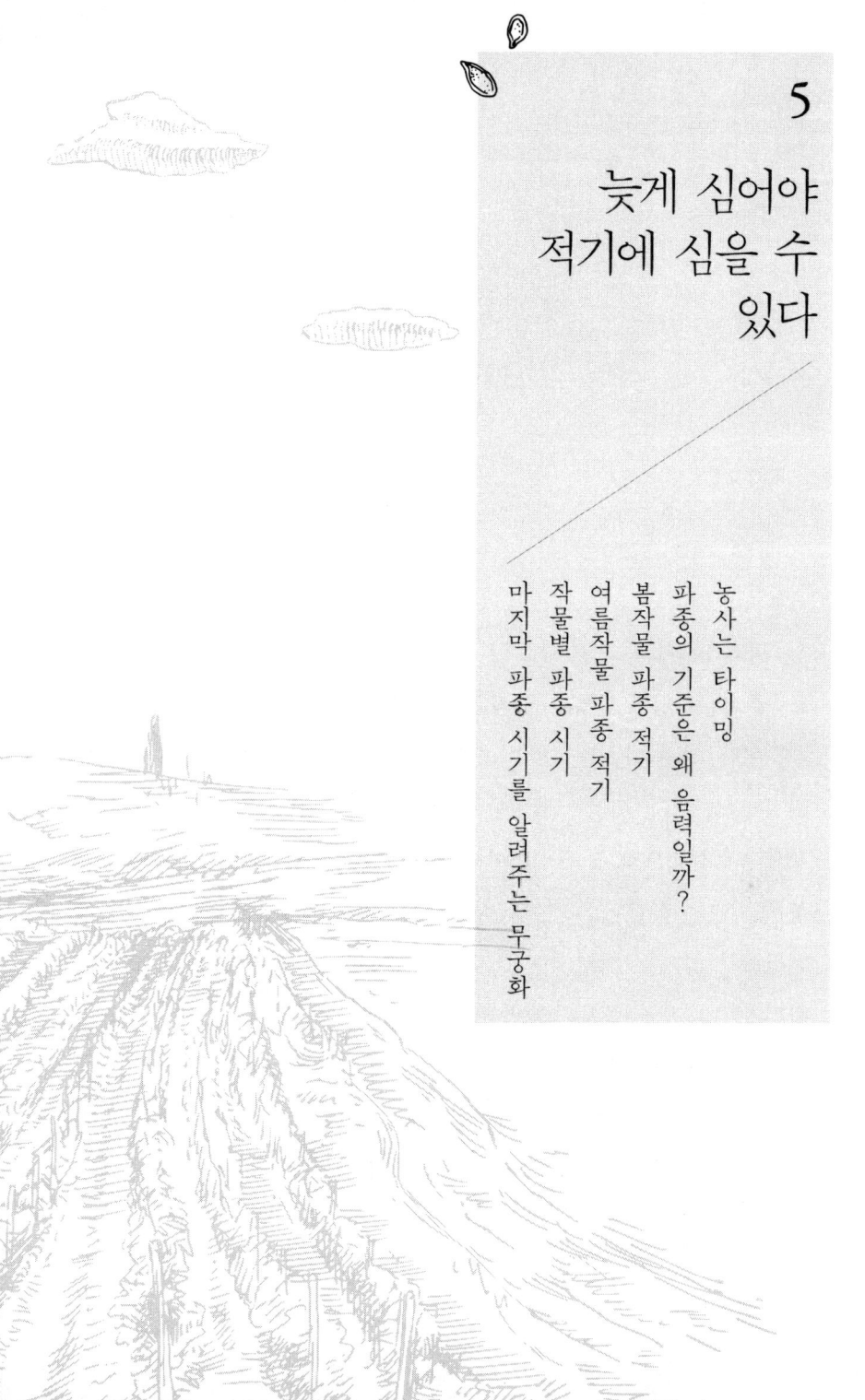

5

늦게 심어야 적기에 심을 수 있다

농사는 타이밍
파종의 기준은 왜 음력일까?
봄작물 파종 적기
여름작물 파종 적기
작물별 파종 시기
마지막 파종 시기를 알려주는 무궁화

늦게 심어야
적기에 심을 수 있다

농사는 타이밍

요즘은 너무 일찍 심는다. 일찍 심으면 빨리 크고 많이 수확할 수 있기 때문이다. 하지만 웃자라고 병해충에 약하다는 문제가 있다. 농사는 타이밍(timing)이다. 적기에 심어야 하는 것이다. 그런데 요즘엔 너무 빨리 심으니 역설적으로 늦게 심어야 적기에 심을 수 있게 된다. 그렇다고 때를 놓치면 수확량이 적어지고 일도 많아진다. 제대로 성장하지도 못해 건강하지 않다. 그래서 적기를 맞추는 일은 농사를 제대로 짓는 데 큰 관건이었다. 가령 절기로 소만(5월 20, 21일)에서 망종(6월 5, 6일) 때가 제일 바쁜 농번기였다. 곧 있으면 밀, 보리 수확해야지 배추, 무, 시금치, 상추 등 씨앗 받아야지, 벼 모를 내야지, 풀들은 쑥쑥 자라지 참으로 할 일이 많을 때다. 그래서 속담에 "이 절기에 하루 게으름을 피우면 동지에 열흘을 굶는다."고 했다.

우리나라는 일 년 365일 하루하루가 다르다. 사계절도 급변하고 해야 할 일도 많다. 우리나라 사람들의 국민성이 '빨리빨리'로 표현되는 것도 이 때문이리라. 몇 년 전 베트남에 갔더니 그 나라 사람들은 참으로 한가했다. 가이드는 그들을 게을러 터졌다고 흉봤지만, 내 눈엔 부러워 보였다. 가이드 말에 의하면 자기 집 형광등을 고치러 기사들 세 명이 왔는데 온종일 걸렸단다. 우리 같으면 한 시간이면 충분했을 일을 말이다. 내가 볼 때는 서두를 이유가 없기 때문이다. 오늘 할 일을 내일로 미뤄도 별 차이가 없기 때문이다. 날씨가 크게 달라지지 않는 그들의 자연환경이 느긋한 성격을 만들기에 충분했을 것이다.

우리는 계절의 변화가 뚜렷해 하루하루 변화무쌍한데, 그래도 계절마다 시간의 흐름은 약간씩 차이가 있다. 봄에서 초여름까지는 상대적으로 여유가 있다. 그렇다고 놀아도 되는 시기라는 것은 아니다. 날이 점차 따뜻해지고 곧 뜨거운 여름이 오기 때문에 파종할 수 있는 기간이 약간 여유 있을 뿐이다.

반면 가을이 되면 사정이 판이하게 달라진다. 날은 점점 선선해지고 늦가을이 되면 빠르게 추워진다. 봄과 다르게 가을에는 파종할 여유가 거의 없다. 적기에 심지 않으면 수확할 때 큰 차이가 난다. 가을의 하루는 봄의 열흘과 맞먹는다. 그런데 늦가을 수확철에 관한 더 재미난 속담이 있다. "수확할 때는 도둑질하듯이, 또는 불 끄듯이 하라." 수확하면서 괜히 여유를 부리다가는 곧 추워지는 날씨에 해를 입기 십상이다. 그러나 이런 속담들은 무조건 빨리해야 한다는 게 아니라 적기에 해야 한다는 뜻이다. 그렇다면 작물마다 적기를 아는 것은 필수다.

파종의 기준은 왜 음력일까?

음력은 달을 기준으로 해서 만든 달력이다. 달은 바다의 밀물과 썰물을 주관한다. 그런데 그 어마어마한 바닷물을 밀고 잡아당기는데 설마 바닷물만 밀고 잡아당길까? 나는 세상의 물이란 물은 다 밀고 잡아당긴다고 본다. 물론 밀물, 썰물에는 지구의 자전력과 태양의 인력도 함께 작용한다. 그래도 역시 달의 인력이 제일 크다.

모든 생명은 물로 구성되어 있다고 해도 과언이 아니다. 사람도 물이 70%다. 그러니 달은 생명에게도 직접적인 영향을 끼친다고 할 수 있다. 아마도 여성의 생리주기가 달의 주기와 같은 것은 생명 중에서도 인간이 달의 영향을 가장 크게 받기 때문이지 않을까 싶다. 멀지 않은 옛날엔 여성들의 생리주기가 건강한 사람들끼리는 대체로 비슷했다고 한다.

달은 태양 쪽에 있을 때가 그믐이고 태양 반대쪽에 있을 때가 보름이다. 그믐일 때 밀물, 썰물 차가 제일 크다. 태양의 인력까지 합해져서 그렇다. 그러니까 그믐일 때 수(水) 기운이 제일 세다고 볼 수 있다. 두 번째로 보름일 때 수 기운이 세지만, 태양의 인력과 균형을 이뤄 수 기운

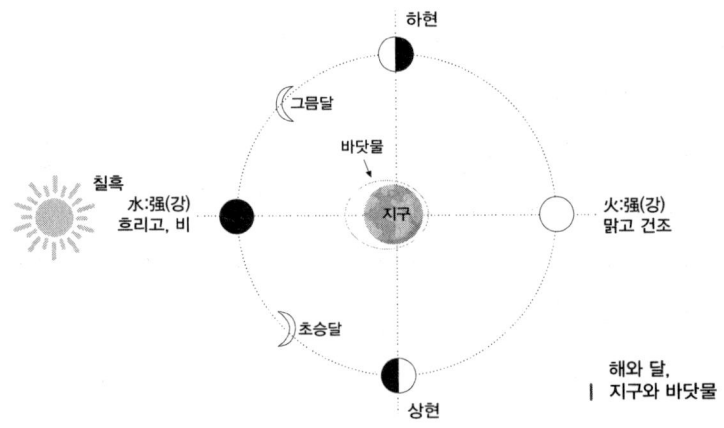

해와 달,
지구와 바닷물

의 변화는 안정적이다. 밀물, 썰물의 차가 제일 적은 상현, 하현일 때 오히려 수기운이 불안하여 이때는 비도 잘 온다(해와 달, 지구와 바닷물 그림 참조). 그래서 음력으로 언제 비가 많이 오는지 기상청 자료를 뒤져 보았다. 30년 동안 하루에 10ml 이상 내린 날을 뽑아 음력으로 전환해봤다. 그랬더니 재미있게도 그믐으로 갈수록 비가 많이 오고 보름으로 갈수록 적게 왔다. 오히려 음력 보름일 때는 대체로 비가 오지 않아 늘 환한 달을 볼 수 있었다. 특히 추석 보름과 정월 대보름 때는 거의 비가 오지 않았다. 추석 보름 때 비가 온 적이 있었지만, 사라 태풍이 왔을 때였다. 1959년 9월 15일에서 18일까지 태풍이 지나갔는데 17일이 추석이었다. 그러니까 추석 보름에 비가 오면 재앙이라고 봐야 한다.

그래서 조상들이 작물을 파종할 때는 음력 보름 전에 하고, 수확은 그믐 전에 하라고 했다. 비가 잘 오지 않는 보름에 파종을 하라고 하니 의아할 수도 있다. 오히려 비가 올 때 파종해야 수분 공급이 원활해져 더 유리하지 않을까? 하지만 절대 그렇지 않다. 씨앗이 싹 트려면 물이 필요한데 그 물은 하늘에서 내리는 비보다 땅에서 올라오는 습기가 더 좋다. 쏟아지는 비를 계속 맞으면 자칫 씨가 삭을 수도 있다. 뿌리는 땅속으로 뻗기 때문에 땅속에서 올라오는 물이 더 좋다. 비가 필요 없다는 뜻은 아니다. 하늘에서 내린 비는 땅속에 저장되었다가 모세관을 통해 다시 표토로 올라오기 때문이다. 보름에 비가 적게 오고 맑은 날이 많다는 것은 땅속 물이 모세관을 통해 표토로 잘 올라온다는 것을 뜻한다. 게다가 표토에 바람이 잘 통하면 압력 차가 생겨 땅속 물이 더 잘 올라온다. 씨앗이 싹이 나려면 이 땅속 물이 중요하다. 그래야 뿌리가 먼저 내리고 그 힘으로 싹이 난다. 싹이 자라 줄기가 되면 줄기는 물을 빨아올리는 빨대 역할을 한다. 보름이 되면 맑고 건조한 기운이 강해 땅속 물을 더 잘 빨아올린다.

이렇게 파종의 적기는 양력을 기본으로 하되 구체적인 날의 확정은 음력을 기준으로 정한다. 음력 보름 전에 파종하는 것을 기본 원칙으로 해서 그것을 만족하는 양력일 때 파종하는 것이다.

봄작물 파종 적기

작물의 파종 시기는 계절 작물의 특징에 따라 달라진다. 봄작물에는 주로 잎을 먹는 엽채류가 많다. 엽채류는 아니지만 봄작물 중 대표적인 것이 감자다. 강낭콩과 완두콩도 있다. 잎이 아닌 뿌리를 먹는 채소로는 당근과 무와 열무가 있다. 이 외에도 배추, 시금치, 상추, 쑥갓, 아욱, 근대 등이 있다.

봄 엽채류 중 배추과(십자화과)의 파종 시기를 결정하기 위해서는 춘화현상(Vernalization)에 대해 알아야 한다. 식물이 낮은 온도의 추위를 맞으면 꽃을 피우는 현상을 춘화현상이라고 한다. 이런 식물들은 일부러 꽃이 잘 피게끔 저온 처리하기도 한다. 그런데 꽃이 아닌 잎을 먹기 위해 키우는 작물의 경우, 꽃 피는 현상은 반가운 일이 아니다. 꽃대를 올리고 꽃을 피우는 데는 많은 에너지가 필요해 정작 먹어야 할 잎사귀에는 영양이 모자라 결국 잎이 초라해지고 만다. 이런 작물의 파종 핵심은 꽃샘추위가 충분히 가신 다음에 씨를 넣는 것이다.

배추과는 기본적으로 꽃샘추위가 거의 다 가시는 청명(4월 4, 5일)을 지나 심는 게 좋다. 단 청명이 음력으로 2월 말에 들면 청명 지나 4, 5일

뒤에 심는 게 좋고, 청명이 음력으로 3월 보름 가까이에 들면 청명 4, 5일 전에 심는 게 좋다. 청명이 지나면 대체로 꽃샘추위는 오지 않는다. 괜히 빨리 먹을 요량에 일찍 심었다가는 꽃대만 키우고 먹을 게 없을 수 있다.

봄작물 중에는 장일(長日)식물도 있는데, 낮이 길어지면 꽃을 피우는 식물을 말한다. 낮의 길이가 12~14시간이 넘는 장일 조건에서 꽃을 피우는 식물이다. 상추, 시금치, 무, 감자, 배추, 당근, 파 등이 장일식물이다. 이 중 무, 배추는 방금 소개한 춘화현상을 고려해야 하는 작물이어서 꽃 피지 않도록 따뜻할 때를 기다려 늦게 심는다고 했다가는 때를 놓칠 수 있다. 그렇게 되면 먹어야 할 몸체는 별로 자라지 않은 채 꽃만 피울 수가 있다. 대체로 봄 엽채류들은 청명 지나 파종하는 게 적당하다. 한눈팔지 않고 잘 신경 썼다가 때를 놓치지 않도록 조심해야 한다. 봄작물은 아니고 지난가을에 심어 겨울을 난 보리, 호밀, 밀, 귀리 등도 장일식물이다.

여름작물 파종 적기

여름작물에는 대체로 단일성(短日性) 식물들이 많다. 낮이 밤보다 짧은 조건에서 꽃이 빨리 피는 식물이다. 벼(만생종), 콩, 옥수수, 들깨, 기장, 목화 등 곡식이 많고 꽃으로는 코스모스, 나팔꽃, 국화 등이 있다. 이런 작물들은 해가 짧아지기 시작하는 하지(6월 19, 20일) 전에 심어야 제대로 몸체가 자랄 기회를 가질 수 있고 하지가 지나면 몸체보다는 생식생장에 더 에너지를 쏟는다. 이 곡식들은 대체로 서리가 가시는 곡우 이후 아무 때나 심을 수 있는데, 되도록 파종 시기는 하지를 넘기지 않는 것이 좋다. 하지를 넘기면 충분히 몸체를 키우지 못한 채 생식생장으로 넘어가 곡식 이삭이 부실할 가능성이 크다.

옛날엔 그루작(후작, 앞에 작물을 수확하고 나서 심는 작물)으로 곡식을 많이 심었다. 감자를 수확하고 콩이나 들깨, 조 등을 심는 식이다. 그런데 이 곡식들이 대부분 단일식물이므로 충분히 성장하지 못한 채 생식생장으로 넘어가 이삭이 부실해질 수도 있다.

요즘은 그루작으로 심는 경우가 많지 않다. 농사짓는 사람도 많지 않고 이런저런 사정으로 옛날처럼 땅이 귀한 것도 아니니 그루작보다는 본 작물로 심는 것이다. 그러니 일찍들 심는다. 그루작이 아니라면 제때에 심는 게 좋다.

반면 여름작물이지만 고추, 토마토, 오이 등 대개의 과채류들은 중일성 식물로 일장 조건에 크게 영향을 받지 않는다. 적당하게 몸체가 성장하고 나면 꽃을 준비하는 작물들이다. 다만 이 작물들은 고온을 매우 좋아하지만, 서리에 몹시 약하고 습한 기운을 매우 싫어한다. 당연히 장마에도 엄청 약하다.

이를 피하기 위해 농가에서는 비닐하우스 재배, 곧 비가림재배를 많이 한다. 또 장마 기간이 지나면 병이 많이 드니, 고추 같은 경우 일찍 심어 병이 오기 전에 후딱 수확하고 갈아엎어 가을배추 심을 준비를 하는 경우가 많다.

그런데 토종 고추와 전통농법에 따르면 오히려 늦게 심었다. 그것도 직파로. 옛날엔 비닐하우스가 없었으니 당연한 것일 게다. 보통 4월 하순 곡우 전후로 심었다. 2월 초 비닐하우스에 심는 요즘과 비교하면 두 달 반은 늦게 심었다. 이렇게 심으면 장마 전에 겨우 한 뼘 정도밖에 크질 않는다. 아직 두 갈래로 갈라지기 전일 경우가 많다. 그리고 장맛비를 맞으면 쑥쑥 큰다. 보통 병은 꽃피고 열매 맺었을 때 많이 걸린다. 그러니까 병 걸릴 가능성이 많은 기간을 피해 그다음에 자라는 것이다. 그리고 이 고추는 서리 올 때까지 열린다. 어느 파종 전략이 좋을까?

작물별 파종 시기
①고추

고추는 고온성 식물이라 냉해에 약하고 특히 서리에는 아주 약하다. 된서리 맞으면 끓는 물에 데친 듯 죽어버리지만, 약한 서리에도 큰 타격을 입는다. 그래서 고추를 모종으로 심을 때는 늦서리가 다 가신 따뜻한 봄날이 좋은데, 24절기로 최소 곡우(4월 19, 20일), 음력으로는 3월 보름을 지나 심는 게 좋다. 곡우가 지나면 대개는 서리가 완전히 가시고―이상 기후가 없다면―기온도 최고 20도 이상 올라간다. 더욱 안전하게 심으려면 입하(5월 4, 5일)가 좋다. 자급이 목적인 도시농부들에겐 입하에 모종 심을 것을 권한다.

문제는 4월이 지나면 시중에 고추 모종이 출시된다는 것이다. 고추 외의 모종도 많이 나온다. 토마토, 호박 등. 이 중 고추가 제일 냉해에 약하다. 고추는 냉해를 입으면 잎 둘레 끝이 하얗게 타거나 오그라들어버린다. 그냥 죽어버리면 새로 심을 텐데 죽지도 않은 것이 제대로 자라지도 못하면서 병이란 병은 다 걸린다. 초보자는 이게 병인지도 모르고 정성껏 키우다가 열매도 잘 열리지 않고 병만 걸리니 쉽게 농사를 포기하곤 한다. 그래서 절대 꽃집에 고추 모종이 일찍 나와 있어도 사다가 심지 말라는 것이다. 늦게 심어야 한다는 것을 꼭 명심해야 한다. 늦게 심는 게 아니라 사실은 적기에 심는 것인데, 시중에 일찍 모종이 나오는 것은 대개 모종 시스템이 비닐하우스 온실 농사에 맞춰져 있기 때문이다.

고추는 원래 열대지방에서 왔다. 열대지방에선 다년생이다. 꼭 나무처럼 자란다고 한다. 우리는 온대지방이고 겨울은 아주 춥고 여름은 고온다습(몬순)한 지역이다. 고추는 당연히 추운 겨울을 싫어하지만, 그렇다고 고온다습한 여름을 좋아하는 것도 아니다. 고온은 몰라도 다습한 기운은 고추를 힘들게 한다. 고온다습한 기간에 고추는 병에 아주 잘 걸린다. 그 유명한 탄저병도 이때 걸린다. 그 외에도 역병, 무름병, 모자이크병 등 다양한 병들이 들이닥친다.

곡우 또는 입하에 심으라고 했던 고추 모종은 대개 2월 초에 비닐하우스에서 심어 키운 것들이다. 아직 한겨울 기운이 남아 있는 때라 비닐하우스에서 키우는데, 그것도 모자라 비닐하우스 안에 또 작은 비닐하우스를 만들어 그 속에서 키운다. 이 작은 비닐하우스를 '터널'이라고 한다. 터널처럼 작은 새끼 하우스를 길게 만드는데 강선 활대를 활처럼 휘어서 땅에 여러 개 엇갈려 박은 다음 비닐을 덮는다. 바닥엔 전기 열선을 깔고 그 위에 흙을 덮어 이른바 '흙 전기장판'을 만들고 상토를 깔아 고추씨를 심는다. 보온을 위해 비닐 터널 위에는 두꺼운 이불을 덮는다. 아침에 가서 이불을 벗기고 물을 준 다음 비닐만 덮어놓고 저녁이 되면 다시 이불을 덮는다.

그렇게 해서 고추가 싹이 나고 마디가 두세 개 되었을 때 밀식해 심은 것들을 다 뽑아 새로 간격을 넓혀 옮겨 심는다. 이를 가식 또는 이식이라 하는데 본밭에 아주 심기 전에 임시로 심는다 해서 그리 이름 붙인 것이다. 이식할 때쯤이면 3월 중 하순이 되어 추위도 어느 정도 가시기 때문에 터널 재배를 할 필요도 없고 이불을 덮을 필요도 없다. 아무튼 모종 심는 4월 곡우에 비하면 고추를 두 달 반 가까이 일찍 심는 것이다. 이렇게 하는 이유는 생육기간을 강제로 길게 해 고추의 수명을 늘리고 본밭에 어느 정도 자란 모종을 심으니 열매도 일찍 맺을 수 있기 때문이다.

나도 원래 이렇게 일찍 고추 모종을 키워 심어봤다. 거의 10년가량을 그렇게 했다. 그런데 일반 관행 방법과는 약간 달랐다. 터널 재배는 같으나 전기열선 대신 옛날식으로 바닥에 볏짚과 쌀겨를 물에 섞어 바닥에 깔아 이를 발효시킨 열로 보온을 했고, 상토도 직접 만들어 썼다(4장 거름은 무조건 완숙거름이어야' 내용 참고). 화학비료도 쓰지 않고 완숙시킨 퇴비를 썼다. 그러다 보니 모종이 시중에 파는 것과 달랐다. 우선 뿌리가 매우 무성하고 웃자라질 않았다. 웃자란 것은 마디가 잎줄기보다 긴 것을 말한다. 내가 키운 것은 마디가 잎줄기보다 짧다. 확실히 짱짱하다는 느낌이 든다.

반면 시중에서 파는 고추 모종은 마디가 잎줄기보다 훨씬 길고 줄기도 가늘다. 그런데 키는 매우 크다. 어떤 놈은 꽃도 피어 있고 심한 것은 열매도 맺혀 있는 경우도 있다. 그렇게 웃자란 놈을 사다 심으니 병에 약할 수밖에 없다. 열매

| 웃자라지 않은 고추 모종. 마디가 잎줄기보다 짧은 것을 알 수 있다. 한눈에 보기에도 건강한 모종이다

가 많이 열리면 무엇하나. 열매도 튼튼치 않으니 많이 먹을 수 있을지는 몰라도 건강에는 별로 좋을 것 같지 않다. 나는 이제 모종도 하지 않는다. 그냥 씨로 심는다. 그것도 4월 곡우에 심는다. 남들은 한 뼘만 한 모종을 심을 철에 나는 씨로 심는다.

모종을 키우기 위해 2월 초에 심는다면 직파 고추는 4월 초에 심는다. 직파할 때는 종묘상에서 돈 주고 산 씨가 아니라 토종 고추씨를 심는다. 내가 주로 심는 것은 대화초라는 고추인데 강원도 평창군 대화면이라는 곳에서 심어온 재래종 고추다. 두툼하면서 끝이 뾰족한 모양이다.

늦게 심으니 장마가 시작되어도 아직 어리다. 오히려 장맛비를 맞으며 본격적으로 자란다. 종묘상 고추들은 벌써 다 자라 고추 열매를 주렁주렁 달고 있을 때 이놈은 이제야 본격적인 성장기에 들어간다.

처음 이 고추씨를 얻었을 때는 옛날처럼 터널 재배를 해서 모종을 키웠다. 씨를 얻을 때는 몇 알밖에 얻지 못해 노지에 직파할 수 없었다. 일단 씨를 많이 불리는 게 목적이어서 한 알 한 알 다 살리겠다는 정성으로 심었다. 보통처럼 모종을 키워 곡우 지나 옮겨 심었더니 장마 전까지

| 발아한 직파 고추

잘 자랐다. 그런데 이상한 것은 영 꽃필 생각을 하지 않는 거였다. 참으로 신기했다. 남들 고추는 열매도 주렁주렁 열고 꽃도 만발했는데 이놈은 도대체 몸은 멀쩡한데 꽃피울 생각을 하지 않는 기세였다.

이후 고추씨를 많이 불려 사람들에게 나누어 주었는데 영락없이 몇 사람에게서 항의 비슷한 전화를 받곤 했다. "무슨 고추가 다 자랐는데 열매는커녕 꽃피울 생각을 하지 않는다. 무슨 영문인지 모르겠다. 혹시 내시 고추씨를 준 것 아니냐?" 잘 모르는 사람들은 늦게 직파를 하니 꽃도 늦게 피는 것 아니겠냐고 따질까 봐 관행 재배법으로 똑같이 키워도 꽃을 피우지 않는 얘기를 해주었다. 어쨌든 참으로 신기한 일이어서 곰곰이 생각해보았다. 몇 가지 그럴듯한 추론을 해보았지만, 그게 정확한지는 모르겠다. 그렇다고 확인할 방법도 찾지 못했다.

우선 고추가 우리나라에 들어오면서 이곳에 적응한 결과가 아닐까 싶었다. 고온다습한 여름 날씨에 꽃을 피우고 열매를 맺으면 영락없이 병이 드니 그 기간을 피해 꽃피고 열매 맺는 것이 아닐까. 그게 맞을지는 모르겠지만, 그와 무관하게 결과적으로 고추는 고온다습한 장마철 기간 중에 꽃과 열매를 맺으면 반드시 병에 걸린다는 사실이다. 아니면 직파에 익숙해 있던 토종 고추라 아직 직파 습성이 남아 있어, 꽃을 늦게 피우는 것은 아닐까? 아무래도 이 생각이 더 이치에 맞을 것 같다.

아무튼 병에 걸리지 않게 하는 고추 재배 전략은 장마 기간을 피하는 것이다. 하지만 요즘 관행농법은 농약을 쳐도 병을 피할 수 없으니 병이 오기 전에 더 일찍 열매를 맺게 해서 얼른 수확해버리고 병이 오면 갈아엎어 다음 작물을 심는다. 우리 동네 분들은 탄저병 오기 전에 많으면 세 번, 보통은 두 번 수확해 고추 농사를 땡 친다. 이것도 현명한 방법이라고 생각한다. 그런데 일찍 열매를 맺게 하는 것도 인위적인데 억지로 일찍 죽게 하는 것은 더욱 인위적이다. 원래 고추는 늦가을 서리 올 때까지 살 수 있는 작물인데 초가을에 갈아엎는 것은 너무 인간 중심적이고 반생명적인 느낌이다. 수확은 많이 할 수 있을지 모르지만, 과연 그게 건강한 고추일까 의문이 들지 않을 수 없다.

반면 늦게 직파한 고추는 말한 대로 병이 잘 걸리는 고온다습한 기후를 지나 꽃과 열매를 맺는다. 남들은 이미 두 번은 수확했을 때쯤 열매를 맺는 것이다. 그렇지만 위험한 기간을 피했기 때문에 건강한 고추 열매가 열린다. 그리고 서리 올 때까지 계속 열린다. 최소 세 번은 수확하고 잘하면 네다섯 번도 수확할 수 있다. 서리 내릴 때쯤 되면 마지막 남은 힘을 쏟아 풋고추를 무진장 매단다. 고추도 생명인지라 자신은 죽어도 2세를 많이 퍼뜨리려는 안쓰러운 몸부림 같기도 하다.

②배추

배추는 추위를 맞아야 꽃을 피우는 작물이다. 이른바 춘화현상 작물이다. 그러니까 배추꽃을 피우게 하려면 꽃샘추위를 맞게 해야 하지만, 꽃이 피면 먹을 잎이 부실해지니 채종 목적이 아니라 먹을 게 목적이라면 추위를 맞지 않게 하는 것이 좋다. 특히 봄에 먹을 배추는 꼭 추위가 가신 다음에 심어야 꽃이 피지 않고 먹을 만큼 제대로 자란다. 그래서 영하의 추위가 완전히 가시는 청명(4월 4, 5일) 지나 심어야 한다. 아직 서리가 내릴 철이지만, 고추보다는 추위에 강한 배추라 약한 서리 정도는 괜찮다.

가을에 심는 김장 배추는 더 늦게 심을수록 좋다. 보통 관행농법에서는 김장 배추의 씨를 7월 하순경에 심는다. 매우 더울 때다. 저온성 작물인 배추는 25도 넘는 고온을 싫어한다. 그런데 아직도 30도가 넘어가는 7월 말에 심으니 배추에게는 큰 고통이 아닐 수 없다. 그것도 바깥보다 더 더운 비닐하우스에 심어 키우니 고통이 클 수밖에 없다. 이른바 90일 배추라는 것들은 이렇게 일찍 심는다. 배추는 영하 5도까지는 버티기에 그 온도 밑으로 떨어지기 전에 수확해야 한다. 영하 5도까지 기다리지 않고 미리 출하해서 유통, 물류 시간까지 감안해야 하면 10월 말에는 수확해야 한다. 그것을 기준으로 역산하면 7월 말에는 심어야 한다는 계산이 나온다. 일찍 심어서 생육기간을 충분히 확보해 배춧속이 꽉꽉 들어차게끔 하려고 하는 것이다. 과연 이게 생명의 이치에 맞는 것인지 심히 의문스럽다.

배추는 파종하면 3일 만에 싹이 튼다. 고온을 싫어하는 놈이 싹이 터 보니 30도가 넘어가는 고온의 비닐하우스 안이다. 이건 새 생명이 세상에 나왔더니 온통 뜨거운 사우나에서 숨도 못 쉬는 것과 같다. 뜨거운 불구덩이 속에서 자라니 배추가 어떻게 되겠는가? 웃자라는 것은 너무도 당연한 일이다. 웃자라면 제대로 자랄 수도 없지만, 모종으로서 상품성이 떨어진다. 그러니 어떻게 할까? 이른바 성장억제제 농약을 뿌려야 한다. 그것도 상당량 뿌려야 효과가 있다. 그렇게 모종을 키우니 건강한 배추가 되기 어렵다. 각종 벌레란 벌레는 다 달라붙는다. 내가 알고 있기로 배추에 달라붙는 벌레만 8가지가 넘는다. 배추흰나비애벌레(청벌레), 벼룩잎벌레(톡톡이), 잎벌레에서부터 민달팽이, 진딧물에서부터 귀뚜라미, 메뚜기도 배추를 갉아 먹는다. 모종일 때는 거세미(밤나방애벌레)라는 놈이 밤이면 땅속에서 올라와 모종의 모가지를 싹둑 잘라 먹는다.

병도 많다. 제일 무서운 병은 무사마귀병(뿌리혹병)이다. 이 병에 걸리면 낮에는 끓는 물에 데친 듯 풀썩 주저앉고 저녁이 되면 일어나기를 반복하다가 결국은 죽고 만다. 전염성도 아주 강해 주변 배추들에 쉽게 확산되고 병원균이 아예 자리를 잡아 다음 해 그 자리에 배추를 심으면 바로 전염된다. 배추뿐만이 아니라 같은 십자화과작물인 무나 알타리무 등에도 전염되기 쉽다. 이렇게 무서운 병해충들이 배추를 노리고 있는데, 크게 키워 먹으려고 건강치도 않은 배추를 키우니 더더욱 병해충에 약할 수밖에 없다. 농약을 치는 것은 어쩌면 당연한 일이다.

나는 배추를 절기로 입추(8월 7, 8일)를 넘겨 말복이 지나서야 심는다. 그것도 모종이 아닌 씨앗을 심는다. 7월 하순에 심는 관행농사에 비해 적어도 열흘이나 늦게 심는 꼴이다. 입추 지나면 대개 열대야는 사라지고 말복이 지나면 서늘한 기운이 돈다. 배추가 점점 좋아하는 기운이 돌기 시작하는 것이다. 파종해서 싹이 나왔을 때 자기가 좋아하는 환경을 맞닥뜨리니 배추가 건강하게 자라는 것은 자연스런 일. 웃자랄 일도 없어 독한 성장억제제를 뿌릴 필요도 없다.

씨앗은 종묘상의 개량종 말고 토종 배추 씨앗을 구해다 심는다. 토종 배추는 모종보다 직파에 익숙해져 있는 종자인 데다 우리 환경에 오랜 세월 적응해 온 것이라 병충해에도 강하다. 다만 늦게 직파해서 심느라 속이 꽉 찬 배추처럼 키울 수는 없다. 토종 배추들이 대개 속이 차지 않지만, 속이 차는 배추 종자를 심어도 시장 배추에 비하면 별로 차지 않는다. 토종 배추는 속도 속이지만 겉잎이 참 맛있다. 개량종은 배춧속만 먹게끔 육종하여 깊은 맛이 없다.

토종 배추 씨앗을 구하기 힘들다면 종묘상에서 60일 배추 씨앗을 사다 직파해도 된다. 60일 배추는 개량이 덜 된, 상대적으로 토종 배추에 가까운 종자로 볼 수 있다. 토종 배추처럼 속이 덜 차지만, 건강하게 잘 자란다.

③ 콩

콩은 일찍 심으면 싹이 잘 나고 새 피해도 덜 입을 수 있다. 콩을 땅에다 심으면 새가 기가 막히게 찾아내 파먹는다. 새 중에 특히 비둘기가 피해가 심하고 까치도 피해를 많이 준다. 곡우 근방에서 콩을 심으면 새가 덜 먹는다. 본격적인 산란철인 5월이 되어야 제대로 파먹는다. 그런데 이렇게 일찍 심으면 너무 빨리 자라 장마 때가 되면 너무 커서 비와 바람에 잘 쓰러진다. 그래서 옛날엔 일찍 심지 않고 장마 직전에 많이들 심었다.

  문제는 콩이 단일성(短日性) 작물이라는 것이다. 단일성 작물이란 해가 짧아지기 시작하면 꽃을 피우고 열매를 맺는 식물을 말한다. 그런데 해가 짧아지는 하지가 지나면 장마가 시작된다. 장마 전, 즉 하지 전에 심으면 곧 장마가 시작되어 잘 자랄지는 모르나 제대로 자라지 않은 놈이 일찍 꽃을 피우면 장맛비에 꽃이 다 떨어질 우려가 있다.

  요즘은 기술이 발달해 콩을 일찍 심는다. 일찍 심으면 키가 커서 잘 쓰러질 텐데 그래도 괜찮나 의문을 가질 법하다. 4월 하순 곡우에 심어 무릎까지 자라면 적심(순지르기)을 하는데 과감하게 반 이상 잘라버린다. 단작 재배로 많은 양의 콩을 심었으면 예초기를 이용해 사정없이 자른다. 그러면 이내 새순이 돋아 자라기 시작하는데 이전보다 가지가 더 무성하고 위로는 덜 자란다. 덜 자라 쓰러지지도 않고 금방 무성해져 장맛비 피해를 입지 않을 수 있다.

그렇다면 콩의 파종 적기는 봄의 곡우가 맞을 수 있다. 단 적심을 과감하게 해야 한다는 것만 명심하면 된다. 보통 농촌에선 6월 넘어서까지 심는 경우도 있다. 심하게는 장마 중에 심는 것도 본 적이 있다. 하지만 이런 경우는 땅을 아끼기 위해 이모작으로 심는 것들이 많다. 그러니까 감자나 봄배추같이 봄작물을 수확하고 나서 심는 것이다.

④ 들깨

들깨도 콩처럼 해가 짧아지면 꽃이 피는 단일성 작물이다. 이를 이용해 깻잎만을 목적으로 하는 농가에선 밤에도 조명을 밝혀 들깨가 꽃을 피우지 못하게 한다. 계속 잎사귀만 나오도록 하기 위해서다. 들깨도 곡우쯤 씨앗으로 심으면 잘 자란다. 콩과 마찬가지로 나중에 적심을 적극적으로 해야 한다.

⑤ 벼

벼도 단일성 작물이다. 게다가 벼는 파종하고 서리 올 때까지 최소 145일 정도의 생육기간을 확보해야 한다. 좀 긴 편이다. 옛날엔 6월 하순 하지 즈음에 모내기를 했다. 천수답이 대부분이었던 옛날엔 장맛비를 이용해 벼를 키워야 했기에 모를 늦게 냈다. 물론 남쪽 지방에선 보리 이모작 때문에 보리 수확이 끝난 하지 때나 모를 낼 수 있었다. 모를 늦게 낸 중요한 이유였다.

    요즘은 관개시설이 잘 되어 있어 일찍 모를 낸다. 그런데 이 관개수 대부분이 지하수이거나 댐과 저수지 물이다. 이 물은 사실 적잖이 자연을 파괴하여 만든 시설에서 나온 물이다. 게다가 보리와 이모작을 할 수 없으니 보리농사로 기대할 수 있는, 겨울철 토양 보존 효과도 포기해야 한다. 결과적으로 국민들은 보리라는 건강식도 포기해야 했다.

다만 보리와 이모작이 안 되는 중부 지방에선 벼를 일찍 심을 수 있다. 모종을 심지 않고 씨앗을 직접 파종하면 물 없이도 벼 재배를 할 수 있다. 마치 밭벼처럼 논벼를 키울 수 있다. 이때의 직파 적기는 또한 4월 하순 곡우 때가 좋다.

여름작물은 파종할 때 음력을 고려하는 것도 좋다. 이 또한 전통농법이다. 곡우라는 양력을 기본으로 하고 파종할 때는 되도록 음력 보름 전이 좋다. 곡우 전후의 음력 보름 전에 파종하도록 한다.

⑥ 옥수수

옥수수는 심을 수 있는 기회가 많다. 4월 곡우부터 5월, 6월까지 심을 수 있다. 보통 100~120일이면 수확할 수 있으니, 이르면 여름에 수확해 먹을 수 있다. 옥수수는 또 같은 땅에 연작이 가능하다. 한번은 어느 농가에 들렀더니 같은 자리에 한 달 간격으로 세 번이나 심는 것을 봤다. 그러니까 제일 먼저 심은 옥수수가 자라고 있는데 그 옆에 또 심고 그것이 자라면 또 그 옆에 심는 것이다.

옥수수는 단일식물이라 늦게 심으면 몸체가 충분히 자라지 않은 채 꽃을 피우니 이삭 자루도 크지 않게 된다. 또한 늦게 심으면 옥수수 열매를 갉아 먹는 조명나방애벌레의 피해를 보기 쉽다. 늦게 심은 옥수수 열매가 맺히는 10월에는 조명나방이 옥수수자루에 알을 까놓는다.

재미있는 것은 이 조명나방애벌레를 기생벌이라는 익충이 좋아하는 숙주라는 사실이다. 이 기생벌은 진딧물을 아주 잘 잡아먹는다. 또한 옥수수에 기생하는 진딧물들은 채소들에게는 달려들지 않는다. 그런데 옥수수진딧물을 잡아먹기 위해 무당벌레 등 다양한 천적들이 찾아온다. 이들이 옥수수 옆 채소들에 달라붙는 진딧물까지 잡아먹으니 옥수수는 아주 좋은 천적 유인 식물이 되는 것이다. 특히 10월에 많이 발생하는 진딧물을 예방하려면 옥수수를 늦게 심어 천적을 유인해 10월 배추에 피해를 많이 주는 진딧물을 처치할 수 있다.

⑦ 당근

당근은 봄과 여름에 파종할 수 있다. 당근은 고온을 싫어하고 저온을 좋아한다. 그렇다고 추운 날씨를 좋아한다는 것은 아니다. 봄에는 3월 하순 감자 심고 바로 심으면 된다. 남쪽에선 더 일찍 심어도 된다. 늦게 심으면 여름의 고온을 만나 더는 자라지도 않고 생육도 좋지 않다.

장일성 식물 즉, 낮 시간이 12시간 이상 되면 꽃이 피는 식물이라 늦게 심으면 뿌리가 제대로 자라지도 않은 채 꽃이 펴서 더 먹을 게 없을 수도 있다.

여름 파종은 7월 하순경에는 해야 한다. 10월 말이면 서리가 올 수 있어 그 전에 수확해야 하므로 충분히 자랄 수 있는 시간을 확보해야 한다.

마지막 파종 시기를 알려주는 무궁화

무궁화는 끝없이 꽃이 핀다 하여 무궁화(無窮花)다. 꽃 자체도 참 예쁘지만, 서리 내리는 날을 일러주는 참으로 똑똑한 꽃이다. 예부터 무궁화 꽃이 피면 그날부터 정확히 100일 뒤에 서리가 내린다고 했다. 무궁화

꽃이 피기 전에만 파종하면 최소한의 먹을 것을 거둘 수 있다는 뜻이다.

지난 2014년, 우리 농장 입구에 있는 마을의 큰 무궁화나무가 일찍 만개했다. 우리 농장 무궁화나무보다 일주일은 일찍 꽃을 피웠다. 처음 있는 일 같아 날짜를 기록하고 서리 온 날까지 세어보니 정확히 108일이 걸렸다. 대충 맞은 셈이다. 더 신기한 것은 그 무궁화나무 주변에만 서리가 내려 한 5m 떨어진 바로 옆의 고추만 된서리를 맞고 그 외 주변엔 서리를 맞지 않은 것이다. 우리 농장은 말할 것도 없었다. 참으로 신기했다. 마치 무궁화나무 옆 고추에만 서리가 찍어서 내린 것 같았다.

대개의 작물은 최소 100일 이상 생육기간을 확보하면 최소한의 먹을 것을 수확할 수 있다. 무궁화나무의 개화와 서리가 내리는 시기를 세심한 관찰을 통해 발견했던 조상님들의 자연을 읽는 지혜였던 것이다.

만개한 무궁화 바로 옆 고추밭에 제일 빨리 된서리가 내렸다.
만개한 무궁화(좌), 된서리 맞은 무궁화 옆 고추(중간), 무궁화와 고추 전경(우)

6 직파한다

식물은 이사 가지 않는다
작물의 근성을 강하게 만드는 직파
직파 방법

직파한다

식물은 이사 가지 않는다

식물은 이사 가지 않으니 식물(植物)이다. 그렇지 않으면 동물이다. 그런데 요즘 작물들은 이사를 무척이나 다닌다. 동물도 아닌데, 어떻게 다닐까? 바로 모종 농법을 통해서다. 묘(苗)를 키워 옮겨 심는 것을 모종법이라 한다. 벼는 이앙(移秧)법, 모내기라 부른다.

식물은 옮겨 다니지 않는 게 본성인데 왜 농작물은 옮겨 다니는가? 이유는 간단하다. 먼저 모종을 키워 옮겨 심으면 생육기간을 늘릴 수 있다. 날씨가 추우니 노지에서는 일찍 심지 못해 온실에서 심었다가 제 온도가 되었을 때 노지에 옮겨 심어 생육기간을 늘리는 것이다. 생육기간이 늘어나면 수확량도 많아진다. 이는 고추가 대표적이다. 추운 2월에 비닐 온실에 심어 4월 하순에 노지에 옮겨 심는다.

두 번째는 풀에 대한 경쟁력을 높이기 위해서다. 모종을 키워놓고 노지에 심을 때 풀을 깨끗하게 맨 다음 작물을 심으면 풀보다 유리한 위치에서 자랄 수 있다. 몇십 미터 앞에서 먼저 달리는 셈이다. 특히 관행농업에선 제초제를 살포해서 풀을 뿌리부터 제거한 다음 모종을 심으니 풀에 대한 경쟁력이 확실하다. 게다가 비닐을 덮어 살아남은 풀마저 올라오지 못하고 날아드는 풀씨도 땅에 뿌리를 내리지 못하게 하고 비닐에 구멍을 뚫어 작물을 심으니 확실하게 풀을 제압할 수 있다.

그런데 이런 모종법은 장점보다 단점이 너무 많다. 우선 식물을 강제로 이사시키면서 뿌리가 심각하게 타격을 받는다. 곧은뿌리 즉, 직근(直根)이 잘려버리고 다른 뿌리들도 타격이 너무 커 새 뿌리가 나야 한다. 모종을 심어 본 사람들은 알 것이다. 모종 컵에서 모종을 꺼내보면 갈 데가 없어 뿌리가 빙빙 둘러쳐진 것을 볼 수 있다. 이런 뿌리들은 제 역할을 못 하고 새 뿌리가 나야 한다. 뿌리가 타격을 받으면 작물이 건강할 리 없다.

따라서 뿌리에 타격을 주는 모종법이 풀에 대해 경쟁력을 갖는다는 말도 재고해봐야 한다. 풀을 깨끗하게 제거하고 비닐을 덮었다 해도 이미 뿌리가 타격을 받았기 때문에 새 뿌리가 나는 동안 홍역을 치르게 된다. 그렇게 홍역을 앓고 나서 안착하기까지의 기간도 만만치 않다. 모종을 하고 이후에 새 뿌리가 내렸더라도 이미 곧은뿌리가 잘리거나 타격을 받았기에 힘차게 추격해 오는 풀을 제압하는 데는 한계가 있을 수밖에 없다. 특히 뿌리를 다치면 작물의 타감작용(他感作用, 또는 : 알레로파시)에 타격을 받는다. 식물은 뿌리를 통해 서로에게 좋은 상생물질인 타감물질을 내뿜는다. 타감물질은 움직이지 못하는 식물들이 경쟁자나 천적이 오지 못하게 내뿜는 화학물질인데, 피해를 주지 않는 작물이나 천적에게는 상생작용을 하기도 한다.

경우에 따라서는 뿌리가 타격을 받으면 더 힘차게 자란다고 말하는 사람들이 있다. 그래서 모종을 옮겨 심을 때 아예 뿌리를 일부 자르기도 한다. 벼는 육묘상자를 옮기며 상자 밑의 구멍으로 삐져나온 뿌리들을 손으로 사정없이 훑어버린다. 고추나 들깨, 콩, 옥수수, 조 등도 뿌리가 손상되더라도 오히려 나중에 더 무성하게 자란다. 순을 지르면 더 새순이 잘 올라오는 것과 같은 이치일 것이다. 그러나 무, 배추, 당근 같은 것들처럼 최대한 뿌리가 다치지 않도록 옮겨 심어야 하는 것들도 있다.

물론 뿌리가 일부 손상되면 더 무성해진다는 말에도 일리는 있다. 그런데 그렇게 무성해지는 것이 과연 건강한 것인가는 재고해볼 필요가 있다. 오히려 곧은뿌리(곧뿌리)는 잘리고 잔뿌리만 무성해진다면 물과 양분은 많이 흡수할 수 있을지는 모르나 곧은뿌리가 땅속 깊은 곳에서 빨아들이는 미량 무기물은 부족하여 건강에는 좋지 않을 수 있다.

언젠가 몇 년 전에 나무 전문가로부터 재미있는 이야기를 들은 적이 있다. 신라의 마지막 왕자인 마의태자의 지팡이가 심어져 자랐다는 용문사 천 년 은행나무가 진짜로 지팡이가 심어져 자란 게 아니라 실제로는 씨앗이 심어져 자랐을 것이라는 얘기다. 왜냐하면 지팡이가 심어졌다는 것은 모종했다는 것인데 모종은 곧은뿌리가 잘리기 때문에 천 년을 살 만큼 노거수가 될 수 없다는 것이다. 분명 씨앗이 떨어져 스스로 곧은뿌리를 내리고 뻗어 거목이 되었다고 보아야 한다는 것이다. 참으로 그럴듯한 얘기가 아닐 수 없다.

최근엔 농촌진흥청이 나서서 벼의 직파재배 기술을 보급하기도 했다. 직파재배는 발근이 좋고 활착이 좋아 초기 생육이 좋다고 한다. 직파를 하니 못자리 만들어 모종 키우기를 하지 않아도 되고, 모내기를 하지 않아도 된다. 그렇게 되면 노동력은 42%나 절감되고 경영비를 5.6% 줄일 수 있다고 했다. 농촌 인구가 고령화되면서 노동력도 함께 고령화되는 현실에 맞는 농법을 개발하기 위한 노력의 일환이었다.

작물의 근성을 강하게 만드는 직파

모종 농법은 많은 장점을 가지고 있다. 우리나라같이 춥고 건조한 겨울에서부터 뜨겁고 습한 여름까지 혹독한 날씨를 극복하는 데 모종 농법은 매우 훌륭한 기술이라 할 만하다. 사실 농사는 자연을 기반으로 하는 것이지만, 자연과 동일하다고 할 수는 없다. 말하자면 '인위적'인 자연이다. 그런 점에서 '자연농법'이란 말에는 어폐가 있다. 자연에서 왔지만 자연 그 자체는 아니어서 자연과 농법은 모순된 관계인 것이다. 농법이란 인위적인 기술인데 그것을 부정하는 자연적인 방법이라면 농사보다는 채집이라 해야 맞을 터이다.

그래도 농사라는 게 자연에서 온 것이기에 되도록 자연적인 방법으로 농사짓자는 것으로 자연농법을 이해할 수 있다. 사실 지금의 농사는 자연의 순리를 거스른 면이 강하다. 농사 외의 도시의 삶, 문명의 삶도 자연과는 너무 동떨어져 있다. 그러다 보니 그에 대한 반대급부로 자연적인 방법을 과도하게 강조하는 것일지 모른다. 농사라는 게 '인위적인 실천'이기는 하지만, 자연에서 온 것이기에 자연적인 방법을 가능한 한 따를 수 있으면 좋다고 본다.

자연의 원리를 따르며 자연의 힘을 최대한 살릴 방법 중 핵심이라 할 만한 게 바로 직파법이다. 그렇다면 왜 직파법인가?

먼저 직파법은 뿌리 건강에 좋다. 뿌리가 다치지 않고 그 자리에 계속 자라기 때문이다. 모든 식물에게 뿌리는 근본이다. 뿌리 깊은 나무는 바람에 아니 뮌다고 하는 말처럼, 농부는 뿌리를 잘 키워야 한다. 뿌리가 아닌 지상부의 줄기와 잎사귀를 키우는 것은 그리 어렵지 않은 일일 수 있다. 요즘은 비료가 발달해 지상부를 키울 양분은 얼마든지 많다. 그렇게 극단으로 발달한 것이 이른바 수경재배다. 필요한 양분을 자연에서 얻는 게 아니라 인간이 만들어 직접 제공하는 방식이다.

식물은 움직이지 못하기 때문에 외적과 싸울 때 화학전(化學戰)을 펼친다. 앞서 말한 타감작용(알레로파시)이 그것이다. 피톤치드의 일종인 이는 뿌리의 기능이다. 뿌리가 건강해야 외적을 막을 화학물질을 잘 만들어낸다. 뿌리가 다치면 이 기능이 제대로 작동하지 않는다는 것은 누구나 추측할 수 있다.

다음으로 뿌리가 깊고 무성하면 흙 속의 양분을 골고루 빨아들인다. 특히 땅속 무기질 미량양분을 잘 흡수한다. 바위에서 소나무가 살 수 있는 것은 뿌리를 통해 산(Acid, 酸)을 분비하여 광물에 붙어 있는 무기질 미량양분을 녹여 먹을 수 있기 때문이다. 작물도 뿌리가 무성하면 땅속의 돌들이 품고 있는 무기질 미량양분을 분해 흡수하니 건강할 수 있다.

또 뿌리가 깊고 무성하면 가뭄에 강하다. 물은 깊은 땅속에서 흙 입자 사이의 모세관을 통해 올라온다. 뿌리가 강하면 이 물을 흡수하여 가뭄을 이겨낸다. 그런데 뿌리가 깊지 못하고 표토에서 잔뿌리만 무성하면 하늘에서 내리는 물만 빨아 먹을 수 있어 가뭄에 약할 수밖에 없다. 인위적으로 물을 주어야만 생명을 유지할 수 있다.

| 가지의 잔뿌리

| 왼쪽은 직파해서 살아 있는 곧은뿌리, 오른쪽은 모종하여 곧은뿌리는 잘리고 잔뿌리만 무성한 모습이다.

뿌리가 깊고 무성하면 도복(쓰러짐)에 강하다. 뿌리 깊은 나무는 바람에 아니 뮌다는 얘기도 그런 뜻이다. 일반적으로 지주를 꼭 세워야 한다고 생각하는 작물인 고추도 직파를 하면 지주가 필요 없다. 가지도 직근성이 강한 작물이어서 직파를 하면 도복에 더 강하다. 지주를 세우지 않는 것만으로도 일감은 꽤 줄어든다.

지주를 세우고 끈을 묶는 일만 줄어드는 것이 아니라 뿌리가 건강해 병해충 방제 일도 줄어든다. 모종을 하면 새 뿌리와 새순이 나올 때까지 물을 주어야 하지만, 직파를 하면 물 주는 일이 줄어든다. 자기 힘으로 뿌리를 내리기 때문에 어지간히 가물지만 않으면 물을 주지 않아도 된다.

직파를 하면 무경운이 가능하다. 씨앗은 바위도 뚫는 힘을 갖고 있다. 종종 아스팔트 시멘트 위에서 뿌리를 내려 사는 풀들을 보면 씨앗의 힘은 대단하다.

| 시멘트 위의 풀. 사람이 일부러 시멘트 틈 사이에 씨를 넣어 키운 것이다 | 도로 아스팔트 위에서 스스로 자란 풀

모종은 딱딱한 흙에다 심을 수가 없지만, 씨앗은 얼마든지 심을 수 있다. 씨앗은 스스로 뿌리를 내리면서 딱딱한 흙을 부숴버린다. 씨앗이 흙을 가는 효과다.

직파 방법

씨를 심는 데에도 방법이 있다. 아무렇게나 마구 흩어 뿌리는 것이 아니다. 우선 씨를 심을 때 사전에 물에 불리지 않는다. 보통 농가에서는 씨를 물에 불렸다가 심는다. 특히 모종을 키우기 위한 파종 때는 씨앗을 불리는 경우가 많다. 싹이 빨리 나도록 하는 것이다.

그러나 나는 이를 권하고 싶지 않다. 싹은 스스로 트게 해야 건강하다. 씨를 물에 불리는 것은 아무리 봐도 달걀을 부화기에 넣어 강제로 부화시키는 것과 비슷하다.

씨앗을 심으면 싹과 뿌리가 나오는데 어느 게 먼저 나올까? 이 질문에 많은 사람들은 싹이 먼저 나온다고 한다. 그런데 조금만 생각해보면 뿌리가 먼저 나와야 하는 사실을 어렵지 않게 알 수 있다. 물을 흡수해야 하니 뿌리가 먼저 나온다. 그 힘을 통해 위로 싹을 틔워 올리는 것이다. 그런데 물에 불리면 싹이 먼저 나온다.

| 벼싹

직파할 때는 물을 주지 않는다. 그러면 뿌리가 먼저 나온다. 땅속에 수분이 있기 때문이다. 물을 주지 않으니 땅속의 물을 빨아 먹으려고 뿌리를 깊고 튼튼하게 내린다. 뿌리가 건강하니 그 힘으로 밀어 올려진 싹도 건강하다.

①견종법(헛골파종법, 대전법)

골(견畎)에다 심는다 해서 견종법이다. 골에 심은 작물이 자라는 만큼 골과 골 사이의 두둑의 흙을 호미로 긁어 부숴 작물에 북을 준다. 작물이 자라는 만큼 두세 번 북을 주면 골이었던 자리가 두둑이 되고 골과 골 사이 두둑은 골로 바뀐다. 즉 골이 두둑으로 바뀌고 두둑이 골로 바뀐다고 해서 대전법(代田法)이라고도 한다. 전형적인 우리의 전통농법이다.

이 파종법의 장점은 골에 먼저 씨를 심으니 땅속과 가까워 수분 공급이 원활하고 두둑보다 깊어 토양이 덜 건조하다. 반면 두둑에다 씨를 심으면 골보다 땅속과 멀어 수분 공급이 원활치 않은 데다 표면적도 넓고 통풍이 좋아 금방 건조해진다.

또한 작물이 자라면 두둑을 부수면서 북을 주니 풀매기가 수월하다. 만일 두둑에다 작물을 심으면 풀매기가 영 깝깝할 것이다. 작물이 자라면서 북을 주기 수월해 작물의 도복을 예방할 수 있다.

마지막으로는 거름을 골에다만 주기 때문에 거름을 절약할 수 있다. 단, 반드시 완숙거름을 주어야지 미숙거름을 주었다가는 씨앗이 가스 피해를 볼 수 있다.

요즘은 두둑을 만들어 비닐을 덮고 구멍을 뚫은 다음 그 위에 모종이든 파종이든 하기 때문에 다들 두둑에다 심는 것으로 생각한다. 비닐을 덮고 두둑 위에다 심는 것은 당연한 일일 것이다.

아무튼 이렇게 골을 파서 심는 견종법은 채소류 파종에 적당하다. 곡식 씨앗을 파종하는 방법으로는 적당치 않다. 일단 견종법으로 파종을 하려면 씨앗이 많이 들어간다. 직파는 밀식을 해야 하는데 아무래도 골에다 줄뿌림을 하게 되면 씨가 많이 들어갈 수밖에 없다. 곡식도 견종을 할 수 있지만, 곡식은 식량이기 때문에 밀식해 많이 심기에는 아깝다.

그런데 채소 씨앗은 먹는 것도 아닌 데다 씨도 곡식에 비해 많이 채종할 수 있어 밀식하기에 아깝지 않다. 직파는 밀식하기 때문에 반드시 솎아주기를 해야 한다. 작물에 따라서는 두세 번 하는 경우도 있다.

②**뭉텅이 점뿌림법**

곡식은 점뿌림하는 게 적당하다. 일명 구종법(溝種法)이라고도 할 수 있다. 구멍을 크게 파서 거름을 넣고 심는 경우도 있고, 밭 전체적으로 거름을 준 다음 씨앗만 넣을 정도의 구멍을 파서 심기도 한다. 구멍을 크게 파서 씨를 넣는 것은 나중에 북주기를 할 때 좋다. 북주기는 콩과 같은 쌍떡잎 곡식들이 좋다. 벼와 같은 외떡잎 곡식은 북을 주지 않기 때문에 구태여 크게 팔 필요가 없다. 적당히 씨앗만 들어갈 정도의 깊이와 폭이면 된다.

벼나 밀, 보리나 수수는 씨앗을 많이 해서 뭉텅이로 심는다. 한 10~15알 정도의 씨앗을 뭉텅이로 겹치게 해서 심는다. 보통은 구멍 안에서도 겹치지 않게 심지만, 그렇게 했다가는 씨앗과 씨앗 사이에 풀이 끼어들어 곡식을 해친다. 겹치게 뭉텅이로 심으면 풀이 끼어들 틈도 없지만, 씨앗끼리 협력하고 경쟁도 하면서 발아력이 크게 증가한다. 씨가 발아할 때는 열도 나고 가스도 나는데 이게 옆의 씨 발아를 촉진한다. 엿기름을 내기 위해 보리나 밀을 채에다 고봉으로 쌓아 물을 부어가며 발아시킬 때 보면 그 열이 보통 뜨거운 게 아니다. 손을 잘못 갖다 대었다가는 화상을 입기 십상이다. 그런 발효열이 씨앗의 발아를 촉진하는 것이다.

콩이나 옥수수같이 씨알이 큰 것은 뭉텅이 수준은 아니어도 씨를 좀 많이 넣는다. 5~6알 정도면 충분하다. 나중에는 이를 솎아주어야 한다.

곡식 혹은 채소라고도 할 수 있는 들깨의 경우는 씨가 많이 나오므로 구종법보다는 견종법으로 줄뿌림하는 게 좋다. 북도 주어야 하는 데다 새나 벌레가 쪼아 먹기 때문에 한 구멍에 뿌리는 구종법보다는 견종법으로 밀식하는 게 더 유리하다. 조와 들깨도 마찬가지다. 조는 벼와 같은 과이고 또한 같은 외떡잎식물이지만, 워낙에 씨앗을 많이 받을 수 있어 견종법에 더 적합하다. 그러나 외떡잎식물이라 북주기를 싫어하니 골을 넓고 깊게 팔 필요가 없다.

7

물을 함부로 주지 않는다

물은 밥이 아니다
물을 주지 않아도 괜찮을까?
물을 줄 때 알아야 하는 최소한의 원칙
토양이 마르지 않도록 관리하는 방법

물을 함부로
주지 않는다

물은 밥이 아니다

밭에만 가면 물 주는 사람들이 많다. 얼마나 열심히 물을 주는지 할 줄 아는 게 물 주는 것밖에 없는 것처럼 보인다. 물만 주면 잘 자라는 것으로 착각하는 사람들도 있는 것 같다. 그런데 물은 작물의 밥이 아니다. 없어서는 안 되지만, 그렇다고 밥처럼 주면 안 된다.

물을 많이 주면 작물이 가뭄을 탄다는 말이 있다. 참으로 역설적인 말이다. 실험 삼아 물뿌리개에 물을 가득 담아 작물에 줘보고 얼마나 스며들었는지 흙을 손으로 파보자. 그러면 한 치(손가락 한마디로 1~2cm) 정도 겨우 스며든 것을 볼 수 있다. 그 정도밖에 되지 않는데 그조차 어쩌다 주면 별 효과가 없고 거의 매일 주어야 효과가 있는데 그러면 오히려 병이 올 수도 있다.

일단 물을 뿌리면 물이 스며들고 나중에 증발하면서 흙의 틈새가 메워진다. 딱딱해지는 것이다. 물을 자주 주면 물에 의해 뜬 작은 토양 입자들이 가라앉으면서 틈새를 메운다. 물이 증발하면서 토양 속 작은 입자들을 함께 모세관을 통해 끌고 올라와 표토의 틈새를 메워 흙을 딱딱하게 만든다. 비 온 뒤에 땅이 굳는다는 말도 이런 원리다.

땅이 굳으면 어떻게 되나? 공기가 토양 속에 들어가질 못한다. 대기 중 질소가 토양에 들어가 미생물에 의해 고정되어 작물에게 밥이 되고, 대기 중 산소는 에너지로 쓰이는 것인데 이게 작동되질 않는다. 산소가 들어가지 않으면 토양에 아무리 거름을 많이 주어도 작물은 그것을 먹을 수가 없다. 미생물이 거름을 분해하여 작물에 주어야 하는데 산소가 없으니 그 일을 못 하는 것이다.

물을 주지 않아도 괜찮을까?

원리는 간단하다. 인위적으로 물을 주지 않아도 땅이 마르지 않게끔 하면 된다. 어쨌든 하늘에서는 비가 내린다. 이 비가 땅에 스며들어 잘 마르지 않게 토양을 관리하는 게 핵심 원리다. 굳이 비유하자면 산속의 숲에는 누가 물을 주지 않아도 땅이 마르지 않는 게 같은 원리 때문이리라. 이를 농경지에 똑같이 적용한다는 것은 무리가 있겠지만, 그 원리를 농경지에 맞게끔 조정한다면 충분히 가능한 얘기다.

일단 가뭄에 약한 작물은 심지 않거나 조금만 심는다. 대표적인 것이 채소류다. 채소류는 물을 좋아한다. 당연히 가뭄에는 약하다. 옛날엔 채소들은 집 가까이, 집터에 딸린 밭에 심었다. 그게 텃밭이었다. 우리나라는 가물 때는 아주 가물고 비가 오면 폭우성 장맛비가 온다. 이런 날씨가 전부 채소에는 좋지 않다. 아무리 채소류가 물을 좋아한다고 하지만, 물을 줘도 너무 많이 준다. 실로 물을 적게 주는 방법이 필요한 때라 본다.

다음으로 가뭄에 강한 작물을 심는다. 대표적인 것이 곡식류다. 대체로 곡식들은 가뭄에 강해 따로 물을 주지 않는다. 가뭄에 제일 강한 것이 옥수수다. 곡식 중 벼는 좀 특이하다. 물을 좋아하는 것은 분명하지만, 물이 없어도 살 수 있는 게 또한 벼다. 요즘 벼는 물에 대한 의존성을 매우 높게 육종한 벼이지만 원래는 그렇지 않았다.

고구마도 가뭄에 강하다. 모종 후 생육 초기에는 가뭄에 약하지만, 자리만 잡으면 특별히 물을 주지 않아도 잘 자란다.

곡식류가 가뭄에 강한 것은 어쩌면 장마 기간을 거치기 때문일지 모른다. 충분히 비가 오는 한여름을 거치면서 제일 중요한 성장기를 지나기 때문에 인위적으로 물을 주지 않아도 되는 것처럼 보인다.

반면 채소류는 뜨거운 한여름 기운을 좋아하지 않아 이때 다 병이 들거나 폭우성 비를 맞으면 녹아내리듯 죽어버린다. 다들 이 장마를 피하고자 비닐하우스에서 농사를 지으니 인위적으로 물을 주는 수밖에 없는 것이다. 엽채류는 한여름 되기 전 생명이 끝나는데 가뭄이 찾아오는 때라 이래저래 가뭄 대책이 필요하여 인위적으로 물을 주게 된 것이리라.

다음으로는 가뭄에 강한 작부체계, 곧 윤작과 혼작을 잘 활용하는 것이다. 단작, 즉 홑짓기는 가뭄에 매우 위험하다. 특히 채소류를 홑짓기하면 더욱 위험하다. 혼작 중에 콩 밑에 열무를 심는 방법이 있다. 한여름에는 열무가 안 된다. 뜨거워서도 안 되고 폭우성 비에도 녹아내린다.

당연히 벌레도 많고 물도 많이 필요로 한다. 이런 문제를 해결한 게 바로 콩 밑에 심는 것이다. 한여름엔 콩이 어느 정도 자라 그늘을 드리워 그 밑이 선선해 열무가 좋아한다. 마르지도 않아서 특별히 물을 주지 않아도 된다. 폭우성 비도 콩이 막아 최적의 공간이다.

또한 흙 자체를 가뭄에 강하게 관리하는 것이 근본적인 방법이다. 가뭄에 강한 토양 구조를 만드는 것인데 바로 입단화, 떼알의 흙 만들기가 그것이다. 유기물 함유량이 풍부한 흙은 떼알의 흙이 절로 만들어진다. 이런 흙이 가물 때는 물을 가둬두고 장마에는 물을 내뱉어 통기성을 높인다. 이를 위해 풀 위주로 만드는 퇴비를 많이 넣고 녹비를 재배하여 토양을 물리, 화학적으로 개선한다. 가능하면 표토에 풀이나 낙엽, 왕겨 같은 생태 재료로 덮개를 많이 만든다. 이는 토양의 건조를 막을 뿐만 아니라 토양에 유기물을 공급해 떼알의 흙 만들기를 촉진한다.

또한 천수답의 논농사로 비가 농경지에 잘 가둬지도록 꾸준히 관리하는 것도 좋다. 옛날식 저수지(둠벙)를 만드는 것도 하나의 방법이다. 마지막으로는 가뭄에 강한 농법을 찾는 것인데, 앞서 설명한 직파가 대표적인 방법이다. 모종법은 가뭄에 매우 약하다. 모종을 키우는 동안 웃자란 뿌리들은 다 죽고 새 뿌리가 나와야 한다. 이를 위해선 물을 자주 공급해야 한다.

씨를 파종하면 가뭄에 강하다. 그러기 위해선 따로 물을 주지 않아야 한다. 당연히 씨앗을 심기 전에 따로 물에 불려서도 안 된다. 그러면 가뭄에 약할 수밖에 없다. 아무리 가물더라도 흙 속에선 습기가 올라오게 되어 있다. 이조차 말라버린다면 심각한 기근이 들 조짐이라 보아야 한다. 씨앗은 이 습기를 먹기 위해 싹보다 뿌리를 먼저 내린다. 뿌리는 점점 무성해지고 깊게 파고든다. 더더욱 가뭄에 강한 뿌리를 키워낸다. 절대 뿌리가 감당하지 못할 만큼 줄기와 잎을 키우지 않는다. 그러니 가뭄에 강하게 클 수밖에 없다.

물을 줄 때 알아야 하는 최소한의 원칙

내가 즐겨 쓰는 물주기 방법은 오줌과 섞어주기다. 쌀뜨물까지 섞으면 더욱 좋다. 오줌과 쌀뜨물을 1 대 1의 비율로 섞는다. 이렇게 섞인 재료에 물을 5배로 타서 섞는다. 이 물을 작물에 주면 웃거름이기도 하려니와 물 같은 경우는 이온수가 되어 잘 흡수되게 한다. 사람도 생물을 그냥 먹기보다 씹어 먹어 침을 섞거나 차를 타서 먹으면 이온수처럼 되어 흡수가 잘되는 것과 비슷하다. 쌀뜨물은 아주 훌륭한 발효제이며 그 자체가 매우 영양이 높은 재료다.

작물이 물을 필요로 할 때는 바로 꽃피고 열매 맺을 때다. 특히 뿌리열매 같은 경우는 열매를 키우는 데 물을 더 필요로 한다. 마늘, 양파, 감자 등이 대표적이다. 뿌리열매는 아니지만 무와 당근, 배추, 양배추 등도 마찬가지다. 특히 이 작물들이 뿌리를 키울 때면 꼭 가뭄이 온다. 봄 가뭄과 가을 가뭄이 그것이다. 고추, 토마토, 오이같이 여름을 나는 과채류는 그 시절에 비가 많이 오기 때문에 실내가 아니라면 굳이 물을 힘들여 줄 필요는 없다.

문제는 가물 때 물을 필요로 하는 뿌리열매 같은 작물들이다. 열매가 굵어질 때는 칼슘이 중요한데 물이 부족하면 칼슘이 있어도 흡수를 못한다. 가뭄이 심할 경우에는 물을 주어야겠지만, 되도록 물을 주지 않는 방향으로 키워야 작물이 건강하고 열매도 무기질, 섬유질이 풍부하여 맛있게 익을 수 있다.

물을 좋아하는 채소는 언제, 어떻게, 어떤 물을 주는 게 좋은지 알아보자. 물이 제일 필요할 때는 광합성을 할 때다. 광합성이란 대기 중의 이산화탄소를 흡수하고 땅속에서는 물을 끌어올려 햇빛 에너지를 이용해 탄수화물을 만드는 과정이다. 광합성은 낮에 하는 것이니, 물을 주려면 그 전에 주어야 한다. 이른 아침이 제일 좋다. 햇빛이 쨍쨍할 때 물을 주면 오히려 좋지 않다. 찬물에 의한 급격한 온도 차로 타격을 받을 수 있고, 물방울이 렌즈 효과처럼 잎에 구멍을 내는 해를 입힐 수 있다. 이른 아침에 물을 주기 힘들면 전날 저녁에 주는 것도 괜찮다. 밤에는 작물이 물을 쓰지 않으므로 땅에 스며든 물을 아침에 쓸 수 있게 하는 것이다.

되도록 상온 상태의 물을 주는 게 좋다. 찬물을 바로 주기보다 좀 큰 용기에 담아두었다가 상온이 된 상태의 물을 주도록 하자. 물을 줄 때는 스프레이식으로 살포하는 것은 좋지 않다. 잎사귀에서도 물을 일부 흡수하지만, 그래도 뿌리의 흡수가 중요하고 훨씬 많다. 스프레이식, 스프링클러 식으로 살포하면 땅을 딱딱하게 만들 수 있다. 물이 토양에 스며든 다음 마를 때 흙이 딱딱해진다. 흙 틈새에 작은 입자의 흙이 메워지기 때문이다.

물을 주는 제일 좋은 방법은 점적법이다. 작물 줄기 밑, 즉 뿌리 바로 위에다 물을 한 방울씩 똑똑 떨어뜨리는 것이다. 보통 농가에선 작물 간격만큼 호스에 구멍을 뚫고 작물 밑에다 죽 깐 다음 물을 틀어 뿌리에 살살 떨어지게 한다. 물을 아끼기도 하지만, 효율도 높여주고 스프레이식 살포로 인한 부작용을 원천 봉쇄할 수 있다.

상자텃밭에 작물을 재배할 경우 물 주는 일이 매우 중요하다. 우선 상자텃밭은 깊은 땅속에서 올라오는 습기가 없어 전적으로 인위적인 물에 의존해야 한다. 특히 옥상같이 여름 햇볕이 뜨겁게 내리쬐는 데다 바닥이 달궈져 이중으로 열을 받기 때문에 가뭄이 심하다. 한여름엔 하루에 세 번씩 물을 주는 일도 다반사다.

상자는 물을 자주 주면 거름물이 상자 밑으로 빠져나가는 것도 심각한 문제다. 좋은 방법은 화분받이처럼 상자받이를 만들어 빠져나간 거름물을 재사용하는 것이다. 그래도 물을 자주 주면 흙이 딱딱해지는 문제는 여전하다. 어쩌다 집을 며칠 비우면 문제는 더 심각해진다. 이럴 때 물을 점적법으로 주는 간단한 방법이 있다. 페트병 뚜껑에 물이 한 방울씩 똑똑 떨어지게끔 적당히 구멍을 뚫고 페트병에 물을 가득 담는다. 이제 거꾸로 작물 옆 흙에다 박아놓기만 하면 끝이다. 어떤 분은 다 쓴 병원 링거병을 구해서 정수기 통에 연결하고 조절 스위치로 떨어지는 물의 양을 조절했다. 물 주는 수고를 더는 참으로 기막힌 아이디어였다.

모종을 심을 때는 반드시 물을 주고 심어야 한다. 먼저 모종 크기에 맞게 적당히 구멍을 파고 물을 준 다음 물이 다 스며들고 나서 모종을 심는다. 심은 모에서 새순이 돋을 때까지는 물을 주는 게 좋지만, 나는 상자텃밭에만 그렇게 하지 노지에서는 심을 때만 물을 주고 만다. 노지는 땅속에서 습기가 올라오기 때문에 첫 물만 주면 그다음엔 뿌리가 알아서 활착한다. 일종의 펌프처럼 마중물만 주면 펌프가 알아서 물을 잘 퍼 올리는 것과 같다.

반면 씨를 노지에 심을 때는 물을 전혀 주지 않지만, 상자에는 물을 주어야 한다. 물을 준 다음 씨를 심고 마른 흙을 덮는다. 씨를 심고 나서 물을 줘도 좋다. 이때는 마른 흙을 덮어줄 필요는 없다.

노지에 직파할 때는 물을 주지 않는 대신 날씨를 잘 살펴야 한다. 날씨가 계속 가뭄이 들 때는 잘 판단해야 한다. 물을 줘 버릇하면 계속 주어야 한다. 그러면 약하게 클 우려가 있다. 그런데 그 우려 때문에 물을 주지 않았다가는 가뭄 피해를 볼 수도 있다. 그 선택이 참으로 어렵다. 그래서 농사는 날씨를 잘 살펴 예측할 수도 있어야 한다. 그러려면 날씨를 알게 해주는 우리 전통 달력도 공부할 필요가 있다. 기상청 날씨는 비교적 단기 예측은 정확한데 장기 예측은 신뢰하기가 힘들다.

앞서도 말했지만 과채류들은 가뭄을 겪으면 땅속의 칼슘을 잘 흡수하지 못한다. 칼슘은 세포벽을 구성하는 주요 영양인데 이게 땅속에 충분하더라도 가물게 되면 흡수할 수가 없다. 곧 열매가 열리고 비가 오면 열매가 갈라지게 된다. 이를 열과(裂果) 현상이라 한다. 그래서 과채류들이 초기 생육 때 봄 가뭄이 오는 경우가 있는데 이에 대비를 해야 한다. 물을 관개해주든가, 아니면 토양 관리를 잘해서 가뭄 피해를 최소화하는 것이다.

토양이 마르지 않도록 관리하는 방법

어떻게 하면 토양이 마르지 않도록 관리할 수 있을까? 첫 번째, 땅을 갈지 않을수록 땅속이 가물지 않는다. 봄에 땅을 갈아보라. 얼마나 흙이 가물어 있는지를 실감할 수 있다. 땅을 갈지 않으면 땅속에 습기가 그대로 있다. 특히 봄 가뭄이 심할 때 땅을 갈면 흙은 더욱 마른다. 땅을 갈지 않고 호미질 정도만 해주면 토양의 습기를 그대로 이용할 수 있다.

두 번째, 녹비와 퇴비를 잘 넣는 것이다. 이 재료들이 토양 속 유기물이 되어 습이 충분한 흙으로 만든다. 유기물은 물을 머금는 능력이 뛰어나고 토양의 건조를 막는 바리게이트 역할도 한다.

세 번째, 토양을 덮는다. 표토를 생태 재료로 적극적으로 덮어주면 가뭄에 강하다. 볏짚, 갈대, 밀집, 보리집, 왕겨 등 강하고 질긴 재료가 좋다. 이런 재료들을 구하기 힘들면 밭의 풀을 매어 그늘진 퇴비간 등에 쌓고 마른 다음 까는 게 좋다. 생태 재료 중 젖은 것은 피하고 되도록 섬유질이 풍부하고 마른 재료를 쓴다. 마르지 않은 재료를 덮으면 역효과가 난다. 마르면서 덮개 효과가 떨어지고 젖은 상태에서는 병해충을 유인한다. 비닐을 덮는 것은 더욱 좋지 않다. 하늘의 비를 막아 더 가물 수 있다.

건조를 막는 데는 겨울 토양관리가 중요하다. 겨울의 춥고 건조한 기운이 토양을 빠르게 마르게 하기 때문이다. 겨울엔 평소에 비해 조금만 비가 오지 않아도 토양이 쉽게 마른다. 따라서 이런 한냉건조한 기운으로부터 토양을 보호하는 일은 무척 중요하다. 호밀, 헤어리베치 같은 녹비작물을 가을에 심으면 겨울의 토양을 보호하는 데 좋다. 녹비가 아니더라도 겨울작물을 심으면 좋다. 보리, 마늘, 양파도 좋다. 보리는 녹비로도 활용할 수 있다. 마늘과 양파는 추위에 약해 볏짚이나 왕겨를 덮어 보온하는데 이게 토양을 보호하는 파급효과를 낸다.

또한 겨울이 되기 전 땅을 깊게 가는 것도 토양의 건조를 막는 효과가 있다. 앞서는 경운하지 말라고 했는데, 별안간 땅을 갈라니 이건 또 웬 말일까? 이는 옛날 농법인데, 역설적이게도 땅을 깊게 갈아 생긴 표토의 경운층이 심토를 보호하고 겨울의 찬 기운으로부터 토양이 마르는

| 논에서 썰매 타는 아이들

것을 예방할 수 있다.

네 번째, 논은 볏짚과 함께 토양을 간 다음 물을 담아둔다. 물을 담아 두는 것도 토양을 보호하는 효과를 낸다. 물을 담아 두면 겨우내 얼었다 녹았다 하면서 논의 대표적인 풀인 둑새풀을 억제하고, 물을 따라 벌레들이 모여 다양한 생물이 서식하게 된다. 볏짚 사이의 이삭을 먹으러 철새들이 몰려와 볏짚을 쪼아대고 똥오줌을 누어 토양을 비옥하게 한다. 흙도 살고, 철새도 살고, 농사도 사니 진정한 공생인 것이다. 또한 논에 담아둔 물이 얼어 아이들에게 즐거운 썰매장, 스케이트장이 되니 참으로 일석다조의 효과를 가지고 있다.

▶ 물을 주지 않아도 가뭄을 타지 않는 방법 한 줄 정리

1. 땅을 갈지 않는다.
2. 직파한다.
3. 완숙퇴비를 주어 토양 속 유기물 함유량을 높인다.
4. 표토를 생태 재료로 덮는다.
5. 겨울의 춥고 건조한 날씨로부터 토양을 보호한다.
6. 논은 볏짚과 함께 토양을 간 다음 물을 담아둔다.

8

섞어 심고(혼작)
돌려 심는다(윤작)

저투입 순환농법이란
땅을 살리는 혼작과 윤작
혼작과 윤작이 가능한 작물의 조합
윤작하기
혼작하기

섞어 심고
돌려 심는다

저투입 순환농법이란

병해충 피해를 근본적으로 해결하려고 농자재를 투입하는 것에는 뚜렷한 한계가 있다. 농민은 망해도 농자재회사는 흥한다는 말이 있다. 요즘의 친환경 유기농업도 유기농자재 중심으로 발전한다면 비슷한 우를 범할 수 있다.

건강한 농사의 근본은 자재나 에너지를 외부에서 투입하는 것보다 농장 내부 시스템에 의해 문제를 해결해나가는 데 있다. 나는 이를 '저투입 순환농법'이라고 부른다. 농장 내부 시스템은 사람 자체도 하나의 중요한 요소다. 따라서 저투입 순환농법은 사람까지 포함한 넓은 개념이어야 하며, 생산자인 농부뿐만 아니라 도시의 소비자까지도 포함해야 한다.

사람을 포함한 순환농법의 핵심은 똥의 순환에 있다. 땅에서 나온 것을 먹었다면 마땅히 땅에 돌려주어야 하는 것이다. 소비자 역시 농부의 생산물을 사는 대가로 돈을 지불했다고 해서 끝이 아니다. 생산물을 먹고 배출한 똥오줌을 땅에 돌려주어야 비로소 순환이 완료된다. 그렇게 되면 순환이란 개념은 지역성과 사회성을 띨 수밖에 없다.

순환 시스템의 중요 요소에는 똥과 거름에서 시작해서 농사에 필요한 에너지와 자재, 나중엔 종자까지 포함하는데 결국엔 생산자와 소비자 간에도 순환이란 개념이 작동해야 한다. 그것이 광의의 개념이라면 농장 안의 내부 시스템을 순환적으로 꾸리는 협의의 개념이 중요한데 핵심은 바로 섞어짓기(혼작)와 돌려짓기(윤작)라는 경작 시스템에 있다. 이를 바탕으로 다양한 순환 시스템이 작동할 때 비로소 순환의 튼튼한 바탕이 마련되는 것이다.

땅을 살리는 혼작과 윤작

혼작은 같은 공간에서 같은 기간에 서로 다른 작물을 재배하는 것을 말하는 반면, 윤작은 같은 공간에서 다른 기간에 다른 작물을 재배하는 것을 말한다. 혼작과 윤작은 병해충 방제 시스템의 근본이다. 서로 다른 작물을 섞어 심거나 돌려 심으면 한 종류의 해충이 창궐하지 않는다. 말하자면 우점종이 발생되지 않는 것인데 원리는 간단하다. 여러 가지 작물을 심으니 각 작물들을 좋아하는 다양한 병해충들이 발생한다. 서로 다른 병해충들은 경쟁하기 때문에 우점종이 생길 수 없다. 게다가 다양한 천적들이 생겨 서로 병해충을 경계하기도 하고, 다양한 작물이 내뿜는 피톤치드 덕분에 병해충을 방어하기도 한다.

내가 알고 있는 임학박사 한 분이 있는데 실험 장소인 숲에다 텃밭을 만들었다 해서 방문해보았다. 숲속에 600여 평에 달하는 밭을 조성했는데 산나물과 작물 그리고 유실수를 혼작해놓았다. 혼작을 얼마나 잘 꾸며놓았는지 은은한 숲의 향이 퍼지는 녹색 정원 같았다.

이른 봄에는 산나물이 먼저 올라와 밭을 뒤덮는다. 산나물들은 대부분은 다년생이어서 겨울을 나고 제일 먼저 싹을 올린다. 풀이 자리 잡을 틈이 없다. 산나물은 곡우가 지나면 키도 크고 억세져 더는 먹기 불편하다. 그러면 산나물의 밑동 바로 위를 낫으로 베어버리고 그 사이사이에 작물 모종을 심는다. 바닥에 깔린 산나물은 새로 심은 작물의 흙 덮개 역할을 하여, 다른 풀들이 올라오는 것을 막아 고생할 일도 적어진다. 이렇게 산들 나물과 작물이 어우러지고 돌려 심어지면서 병해충이 절로 억제된다.

그러나 윤작, 혼작의 강점을 병해충을 방제하는 측면만 설명하고 넘어가기에는 중요한 게 빠진 것 같다. 무엇보다 윤작, 혼작이 가진 강점은 토양 살리는 데 있다.

한 작물만 같은 땅에서 연작하면 땅은 금방 망가진다. 한 작물만 심으면 뿌리 깊이도 같으니 땅도 깊이가 똑같다. 또 같은 작물이 뿌리로 뱉어내는 분비물 종류도 같다. 작물의 분비물은 산(酸)이다. 산이 분비되면 토양은 산성화되고 토양 내 염들과 결합하면 염류 집적이 늘어난다. 게다가 한 종류만 심으니 특정 양분만을 흡수하여 양분 균형이 깨진다. 특히 미량요소의 균형이 깨져 미량요소 결핍 현상이 나타난다. 이렇게 염류 축적과 미량요소의 결핍은 땅을 망가뜨리는 핵심이다.

그런데 윤작과 혼작을 하면 어떻게 될까? 간단하다. 다양한 길이의 뿌리가 땅속으로 파고들어가 땅의 길이를 서로 다르게 갈아준다. 다양하게 갈아준다. 호밀 같은 경우는 뿌리가 1m까지 뻗고, 풀 중에는 12m까지 파고 드는 것도 있다고 한다. 게다가 작물이 다양한 만큼 작물의 뿌리에 다양한 양분이 축적되고 그것을 먹이로 삼는 미생물 또한 다양해진다. 게다가 작물이 다양하면 토양 내 미량요소의 불균형과 결핍도 예방할 수 있다. 따라서 윤작과 혼작을 통해 토양의 물리적, 화학적, 생물학적 구조가 다양해진다고 할 수 있다.

윤작과 혼작을 적극적으로 실천하면 땅을 갈지 않는 무경운농법이 가능하다. 반면 단작을 하게 되면 땅을 갈아야 한다. 토양의 유기물과 수분을 집중적으로 뽑아내거나 작물의 편향된 양분 섭취로 토양의 양분 균형을 망가뜨리고 토양의 양분을 단일 작물이 집중적으로 빼 먹으면 토양은 양분이 고갈되어 딱딱해지기 때문이다. 윤작과 혼작은 땅을 딱딱하지 않게 만든다. 일단 땅의 유기물을 뽑아내는 작물을 덜 심거나 조심해야 하고, 땅을 부드럽게 만드는 작물을 적극적으로 재배한다. 예컨대 옥수수는 땅을 굳게 하지만, 콩은 땅을 부드럽게 만든다. 물과 질소질 거름을 좋아하는 채소는 땅을 딱딱하게 만들 위험이 크지만, 곡식 중에는 땅을 부드럽게 하는 것들이 많다. 윤작과 혼작은 저절로 기피식물이 주는 효과를 낼 수 있고 천적을 불러들이는 숙주 효과도 얻을 수 있다.

그러나 윤작과 혼작은 상업농사에는 맞지 않는 점이 분명히 있다. 상업농사는 단작을 해야 효율이 높고 기계농사가 가능해 다수확을 할 수 있다. 반면 윤작과 혼작 농사는 효율이 떨어지고 기계농사도 어렵다. 그래서 윤작과 혼작은 자급농사에 제격이다. 이 책에서 윤작과 혼작을 최고의 가치로 두는 이유도 그 때문이다. 호미 한자루만 갖고도 가능한 농사, 바로 윤작과 혼작 농사이다.

그렇다고 해서 윤작과 혼작이 상업농사에서 아예 불가능하다고는 볼 수 없다. 캐나다의 한 친환경 유기농 농가를 다녀온 분에게 들은 얘기를 해보겠다. 그 나라는 땅이 큰 곳이어서 밭을 만들어도 스케일이 우리와 다르단다. 가령 이런 식이다. 1,000m^2(300평) 밭을 만드는 데 폭 1m짜리 두둑을 길이 1,000m로 길게 만든다. 그렇게 긴 두둑마다 채소는 다른 것들을 심는다. 배추를 심었다면 옆의 두둑에는 무를 심고 그 옆 두둑에는 알타리를 심고 그 옆에는 상추를 심는 식이다.

잘 모르는 사람들은 단순히 경관을 좋게 하는 줄 알았다고 한다. 하지만 농부의 설명을 듣자, 기막힌 아이디어라고 감탄했다는 것이다. 그분도 마찬가지였다. 밭을 정방형으로 조성해 단일 작물을 심었다면 이는 단작이다. 그런데 짧고 긴 밭을 여러 개 만들어 다양한 작물을 심으니 이는 단작이 아닌 혼작이 되는 것이다. 서로 다른 작물들이 1m 간격으로 심어져 단작처럼 단일한 병해충이 창궐할 수 없다. 서로 다른 벌레들이 바로 옆에서 발생해 서로 견제하는 혼작의 장점이 구현되는 것이다. 그리고 서너 두둑 중에는 한 두둑 정도를 휴경하고 작물을 번갈아 가며 재배하니 절로 윤작이 된다. 이렇게 길게 한 두둑을 만들면 관리기 정도는 충분히 활용할 수 있을 테니 윤작과 혼작에 기계를 쓰기가 힘들다는 것도 고정관념이다.

혼작과 윤작이 가능한 작물의 조합

혼작과 윤작의 기본적인 원리는 성격이 다른 작물들을 조합하는 것이다. 작물 성격을 규정짓는 것은 **식물의 분류**다. 가령 외떡잎식물과 쌍떡잎식물, 그리고 작물이 속한 과(科) 분류가 그것이다. 예를 들면 쌍떡잎식물인 토마토 옆에 외떡잎식물인 대파를 심으면 좋다. 또한 토마토는 가지과작물이고 대파는 백합과작물이다. 성격이 다르면 토양 내에서 흡수하는 양분도 달라 양분 경쟁을 하지 않는다. 또한 뿌리의 깊이와 성격도 다르니 햇빛 경쟁도 하지 않는다.

다음으로 작물의 성격을 규정짓는 것은 **생육기간**이다. 작물의 파종과 수확 시기가 어느 계절에 걸쳐 있는지를 말한다. 크게 여름작물이 있고, 봄, 가을작물, 그리고 겨울을 나는 월동작물이 있다. 우리에게는 여름작물이 제일 중요하다. 식량으로 삼는 벼가 대표적인 여름작물이고, 벼 외에도 대부분 이삭을 먹는 곡식들이 이에 해당된다. 그 외 고추, 오이, 호박, 가지 등 열매가 열리는 과일채소류들도 있다.

여름작물은 서리를 제일 싫어한다. 늦서리가 가시면 심고 서리가 내리기 전에 수확한다. 봄, 가을작물은 대개 잎을 이용하는 엽채류가 많다. 김치 작물인 무, 배추, 알타리, 열무 등이 대표적이고 상추, 시금치, 쑥갓, 아욱 등이 있다. 이런 작물들은 서리에 강하나 더운 여름을 싫어하고 추운 겨울엔 얼어 죽는 경우가 많다.

겨울을 나는 월동작물의 대표는 역시 밀, 보리다. 그 외에는 시금치와 월동초(배추, 유채)가 있고 중요한 월동작물로 양파와 마늘이 있다. 월동작물은 서리에 강한 것은 물론이고 영하의 날씨에도 적응력이 강해 월동을 잘하지만, 양파와 마늘 같은 경우는 월동을 위한 보온 대책을 세워야 한다. 볏짚이나 왕겨를 덮어주는 게 대표적인 방법인데 요즘은 비닐을 덮어 보온을 하는 게 일반적이다. 하지만 나는 비닐 보온 덮개를 권하지 않는다. 생태적인 방법도 아니거니와 비닐을 덮으면 과도하게 따뜻해 양파나 마늘이 건강하게 자라질 못한다. 이상 기온으로 겨울의 기온이 널뛰듯 하면 낮에 벗겼다가 밤에 다시 덮는 쓸데없는 짓을 해야 하기도 한다. 또한 지열이 높아지면 뿌리는 깊이 내리지 못해 알이 굵어지는 늦봄에 가뭄이 찾아오면 인위적으로 물을 주어야 하는 수고로움을 감당해야 한다.

세 번째로 중요한 것은 **햇빛을 둘러싼 관계**이다. 작물들은 기본적으로 광합성을 하기 때문에 햇빛을 다 좋아하지만, 정도에 차이가 있을 수 있고 키에 따라 다를 수도 있다. 바닥을 기는 넝쿨작물과 키가 큰 작물을 섞어 심으면 햇빛을 둘러싸고 경쟁을 하지 않기 때문에 섞어짓기의 대표적인 방법이다. 예컨대 넝쿨식물인 고구마를 밑에다 심고 위로는 조를 심어도 된다. 또는 옥수수를 심고 밑에는 오이나 호박 같은 넝쿨작물과 콩을 심으면 햇빛 경쟁을 피할 수 있다. 그뿐만 아니라 거름을 만드는 콩과 식물을 이용한 방법도 된다.

또한 더위에 약해 봄, 가을에 심어 먹는 열매를 메주콩 밑에다 키울 수도 있다. 콩 밑에서 뙤약볕도 피하지만, 콩이 만드는 거름을 이용하기 때문에 공짜 농사를 지을 수 있다. 옥수수 밑에다 수박을 키우는 것도 햇빛 관계를 이용한 혼작 조합이다. 둘 다 다비성 작물이지만, 옥수수는 뿌리를 깊게 내리고 수박은 얕게 내려 양분 경쟁을 덜한다.

네 번째로는 햇빛 관계와 반대로 **땅속뿌리의 뻗음** 성격을 갖고 이용하는 섞어짓기다. 뿌리를 깊게 내리는 작물과 얕게 내리는 작물을 섞어 심으면 땅속에서 뿌리 경쟁, 거름 경쟁을 하지 않기 때문에 좋은 섞어짓기 방법이 된다.

다섯 번째로는 **거름을 둘러싼 관계**이다. 거름을 많이 먹는 다비성 작물, 거름을 별로 먹지 않는 작물, 나아가 거름을 스스로 만드는 콩과작물들을 잘 조합하면 혼작, 윤작의 좋은 사례를 만들 수 있다. 거름을 많이 먹는 다비성 작물 옆에 거름을 만드는 콩과작물을 심으면 거름을 적게 주어도 된다. 그뿐만 아니라 과다한 거름 투입으로 생기는 토양의 염류 축적을 예방할 수도 있다.

여섯 번째로는 **다년생 작물과 일년생 작물을 조합**하는 것이다. 가령 야생초라 할 만한 산, 들나물류는 대체로 다년생 작물이고 사람이 심는 작물들은 대체로 일년생인데, 이들을 잘 조합하면 좋은 윤작, 혼작 사례를 만들 수 있다. 다년생 작물들은 월동작물이 많아 겨울 지나 봄에 새순이 돋아 금방 밭을 장악할 수 있다. 반면 일년생 작물은 다년생 작물이 봄에 새순을 돋을 때 파종하기 때문에 따로 육묘를 한 다음 다년생 작물들이 억세질 때 위를 과감하게 쳐내고 일년생 작물 모종을 심으면 윤작으로 키울 수가 있다. 윤작이기도 하지만 한 밭에서 같이 키우기 때문에 혼작이기도 하다.

일곱 번째로 **작물의 이용 부위별**에 따라 작물의 성격을 나눠 조합하는 것이다. 가령 같은 가지과이지만 감자는 뿌리를 이용하고 고추나 가지, 토마토는 열매를 이용한다. 고구마는 뿌리를 이용하고 엽채류는 잎을 이용하고 곡식류는 이삭을 이용한다. 같은 뿌리를 이용하는 감자와 고구마를 심으면 좋은 조합이라고 할 수 없다. 반면 뿌리를 이용하는 고구마와 이삭을 먹는 조를 심으면 좋은 혼작이다.

여덟 번째로는 식물의 **피톤치드 기능**을 이용해 조합하는 것이다. 이는 혼작을 설명할 때 더욱 자세히 다룰 예정이라 여기서는 간단히 살펴보자면, 들깨의 독특한 향을 이용하면 마늘의 고자리파리 피해를 예방할 수 있어 좋은 윤작 조합이 되고, 당근의 독특한 향은 콩의 노린재 피해를 예방할 수 있어 좋은 혼작의 조합이 된다.

이렇게 섞어짓기와 돌려짓기의 원리는 성격이 다른 작물들을 어떻게 조합하는가에 달려 있으니 작물의 성격을 미리 공부해야 한다. 기본적으로 작물이 속한 계통과 유형, 파종 시기, 비효도 등을 미리 파악해야 한다.

윤작하기

돌려짓기를 하는 이유는 땅을 효율적으로 사용하기 위해서다. 벼는 150일 가까이 살기 때문에 보리 외에는 윤작할 게 별로 없다. 그것도 따뜻한 중부 이남 지방에서나 가능한 얘기다. 물론 중부 지방도 무리하면 안 될 것은 없지만, 생산량 감소를 감수해야 한다. 보리 수확하고 벼 모를 내면 벼가 늦기 때문이다.

벼 외에 많은 작물들은 100일에서 120일 정도 살기 때문에 윤작하기에 적당하다. 윤작할 때 고려할 것은 날씨다. 특히 서리와 얼음이 중요하다. 서리에 약한 작물과 강한 작물, 얼음이 어는 영하의 날씨에 약한 작물과 강한 작물을 잘 연결해야 하는 것이다. 가령 들깨는 서리에 약하지만, 마늘은 서리만이 아니라 영하의 날씨에도 비교적 강한 편이다. 그래서 들깨는 서리 오기 전에 거두고 추워지기 전에 마늘을 심으면 되는 것이다. 당연히 6월 중순 지나 마늘을 수확하고 들깨를 심으면 딱 맞다. 서리에 약한 벼와 서리에 강한 보리도 마찬가지로 윤작하기에 딱 맞다.

윤작의 주기를 1년이 아닌 3년으로 늘리면 조합을 다양하게 맞출 수 있다. 가령 밀, 보리 수확하고 나서 메주콩 모종을 심으면 때를 맞출 수 있는데, 콩을 수확하고는 밀, 보리를 심을 수 없다. 밀, 보리는 10월 중순이면 파종해야 하는데 콩은 10월 하순경에 수확해야 하기 때문이다. 콩 수확 후 심을 수 있는 것은 마늘이 적당하다. 그러니까 첫 해에는 10월 중순에 밀, 보리 심고 둘째 해 6월 중순에 수확해서 바로 메주콩 심는다. 10월 말 메주콩 수확 후 마늘을 심는다. 셋째 해 들어서 마늘 수확하고 들깨 심고 10월 초 들깨 수확 후 밀 보리 심는다. 이렇게 한 사이클이 그려진다. 이를 표로 정리하면 다음과 같다.

첫 해		둘째 해			셋째 해		
10월 중순	6월 중순	6월 하순	10월 하순~11월 초순	6월 중순	6월 하순~7월 중순	10월 초~중순
밀, 보리 파종	밀, 보리 수확	메주콩 모종	콩 수확, 마늘 파종	마늘 수확	들깨 파종 또는 모종	들깨 수확 후 밀, 보리 파종

혼작하기

섞어짓기란 여러 다른 작물을 한 밭에 같이 심는 것을 말한다. 물론 마구 뒤섞어 심는 것은 아니다. 되도록 주작물과 부작물로 나눠 심는 게 좋다. 뒤에서 소개할 '고추 4형제'가 대표적이다. 고추가 주작물이고 대파와 들깨와 수수가 부작물이다. 이들이 고추에 농약 역할을 하므로 혼작 작물들의 순환작용을 이용한 병해충 방제 시스템이다. 이를테면 휘

| 오이 옆에 심은 박하

| 고추와 들깨. 들깨의 향을 이용해 고추 열매를 갉아 먹는 담배나방애벌레를 예방한다

발성 피톤치드 물질을 내뿜는 작물을 이용해 외부의 살균, 살충제 투입 없이도 병해충을 예방하는 것이다.

작물을 이용하지 않고 다른 식물을 이용하는 것도 한 방법이다. 허브가 대표적이다. 민트나 방아를 심어놓으면 그 향내가 진딧물을 못 오게 한다. 어성초도 같은 작용을 한다. 코스모스를 심으면 노린재가 덜 오고, 메리골드를 심으면 땅속 선충을 못 오게 한다. 모기향의 재료인 제충국을 심으면 해충이 덜 오고 구절초 같은 국화과식물을 심으면 병해충 예방 효과를 얻을 수 있다. 이런 식물을 기피식물이라 한다. 병해충 예방을 위해 심어놓은 화훼이지만, 농장의 경관을 살리는 부가적인 효과도 가져온다.

혼작을 이용한 병해충 방제 중에 재미있는 것은 천적 숙주 식물의 이용이다. 대표적인 게 바로 옥수수다. 옥수수에는 진딧물도 많이 발생하고 옥수수자루에는 옥수수 알곡을 갉아 먹는 조명나방애벌레가 많이 발생한다. 옥수수진딧물과 조명나방애벌레는 진딧물 천적인 기생벌이 좋아하는 먹잇감이다. 옥수수진딧물은 작물에 해를 끼치지는 않는다.

그런데 이 진딧물을 먹기 위해 기생벌이 많이 찾아온다. 또한 조명나방 애벌레는 기생벌이 알을 까놓는 숙주 벌레다. 옥수수를 심어놓으면 옥수수 진딧물과 조명나방애벌레를 먹으러 기생벌이 오는데 덤으로 작물의 진딧물도 먹어 치우는 것이다.

옥수수를 기생벌 천적 숙주로 이용하려면 되도록 늦게 심는 게 좋다. 대략 6월쯤이 좋다. 이때 심은 옥수수는 진딧물이 많이 발생하는 9~10월에 이삭을 맺는데 이때쯤이 조명나방벌레가 많이 발생하는 때여서 기생벌을 불러들이기가 쉽기 때문이다.

천적 숙주를 이용하는 것 중에 또 다른 것은 무궁화나무가 있다. 무궁화나무에는 진딧물이 많이 끼는데 이를 먹으러 거미가 많이 오고 거미가 밭작물의 진딧물도 함께 먹어 치운다.

모든 채소에는 대파를 함께 심으면 좋다. 대파의 피톤치드가 대부분의 채소에 상생작용을 한다. 특히 토마토 옆에 대파를 심으면 좋다.

옛날에는 옥수수를 단작하지 않았다. 옥수수는 물을 제일 조금 먹는 곡식이어서 이른바 대표적인 내한성(耐旱性) 작물이지만, 거름을 많이 먹고 토양 내 무기질들을 많이 흡수하여 땅을 쉽게 고갈시킨다. 결국 옥수수를 단작한 땅은 힘이 없어지고 바람에도 쉽게 침식되어 날아가 버린다.

영화 〈인터스텔라〉(2014)를 보면 끝없는 옥수수 단작 평원 넘어 어마어마한 흙바람이 이는 장면이 있다. 분명히 옥수수에 의한 심각한 토양 수탈의 대가였을 게다. 감독은 그걸 어떻게 알고 옥수수 평원을 찍었는지 참으로 궁금했다.

그래서 우리 조상은 토양에 부담을 주는 옥수수는 단작하지 않고 콩

| 옥수수와 콩의 혼작

밭 둘레에 심었다. 콩은 땅을 살리고 비옥하게 하는 곡식이어서 옥수수에 의한 토양의 고갈을 예방하고자 한 것이다.

콩은 이렇게 혼작을 할 때 좋은 작물이다. 콩 뿌리에 살고 있는 뿌리혹박테리아라는 미생물이 공기 중 질소를 고정하는 능력을 가지고 있어 토양을 비옥하게 만든다. 그뿐만이 아니라 콩은 토양을 개량시키는 데도 아주 훌륭한 역할을 한다.

참깨를 심을 때도 콩과 혼작하면 좋다. 참깨는 거름을 별로 먹지 않는 작물이지만, 그래도 약간의 거름이 있으면 좋다. 참깨밭 중간중간 콩을 심으면 바로 그런 효과를 얻을 수 있다.

옛날엔 목화를 심으면 옆에 콩을 심든가, 목화 수확하고 나면 다음 해 그 자리에 콩을 심어 지력 보전을 꾀했다. 목화는 물과 양분을 많이 필요로 해 지력 소모가 크기 때문에 연작과 단작을 피했다. 옛날 소련이 아랄 해를 끝없는 목화 단작 농사로 말려버려 지금은 1/3 정도만 남아 있다고 한다.

물을 많이 먹는 마늘밭에는 시금치나 상추 혼작이 적당하다. 늦은 가을에 마늘을 심고 줄 사이에 시금치나 상추씨를 뿌려두면 이듬해 봄에 마늘과 같이 올라온다.

섞어짓기의 원리는 그리 어렵지 않다. 서로 경쟁하지 않고 상생하거나 별로 상관하지 않는 성격의 작물들을 묶는 것이다. 식물들의 경쟁은 햇빛, 물, 양분 경쟁이 대표적이다. 햇빛 경쟁을 피할 수 있는 작물들은 혼작을 해도 별 피해가 없다. 앞에서 말한 고구마와 조가 대표적이다. 고구마는 넝쿨식물로 땅을 기지만 조는 하늘로 솟아올라 고구마와 경쟁하지 않는다. 고구마는 별로 양분을 필요로 하는 놈이 아니어서 조하고도 양분 경쟁을 하지 않는다. 물 경쟁도 마찬가지다. 조는 물을 그리 좋아하는 작물이 아니고 고구마 역시 뿌리를 내릴 때 외에는 물을 좋아하지 않는다.

그러니까 뿌리를 목적으로 하는 작물과 이삭이나 열매를 목적으로 하는 작물을 혼작하면 경쟁을 피할 수 있다. 대파와 채소를 혼작하는 것은 상생하는 관계를 이용하는 것이라 할 수 있다.

▶ 섞어짓기의 대표적인 예

1. 고추 4형제
고추를 중심으로 고추와 함께 씨를 1 대 1로 대파를 섞어 심고, 2m 간격으로 들깨와 수수를 심는다. 고추밭 둘레에는 옥수수를 심는다.

2. 채소와 대파
모든 채소 옆에 대파를 심으면 좋다. 들깨, 토마토, 상추, 배추 등.

3. 참깨와 콩
참깨는 거름을 많이 필요로 하지 않으므로 콩을 듬성듬성 심어놓으면 콩이 만들어주는 거름으로도 충분하다. 1m 폭의 두둑에 참깨를 4~5줄로 심고 사이사이에 콩을 2~3m 간격으로 듬성듬성 심는다.

4. 마늘과 상추, 시금치
늦가을, 마늘을 심을 때 마늘 줄 사이에 상추와 시금치 씨를 뿌린다. 봄에 마늘과 함께 상추와 시금치가 같이 올라온다. 땅을 효율적으로 이용해서 좋기도 하지만, 풀 맬 때 조금 신경을 써야 한다.

5. 고구마와 조
고구마 줄기는 바닥으로 뻗고 조 줄기는 위로 뻗으니 경쟁을 하지 않는다. 조 줄기는 옥수수처럼 빛을 가리지 않으니 고구마에 해가 되지 않는다.

6. 고구마와 콩
고구마는 거름을 주지 않거나 최소한의 양만 주면 된다. 고구마 사이에 콩을 심으면 최소한의 거름을 공급할 수 있다. 다만 고구마는 넝쿨이 무성하므로 콩이 치이지 않도록 시기를 잘 조절해야 한다. 콩이 자리를 잡은 다음 고구마를 심는 게 좋다.

7. 당근과 콩
당근 특유의 냄새로 어린 콩깍지의 즙을 빨아먹는 톱다리개미허리노린재 피해를 예방할 수 있다.

9

씨앗 받는 농사를 짓는다

로열티 내는 불임 씨앗
토종 씨앗의 힘
지속가능한 농사와 생태적 삶
텃밭에 어울리는 토종 작물들과 씨받기

씨앗 받는
농사를 짓는다

로열티 내는 불임 씨앗

원래 농부는 굶어 죽을지언정 씨앗은 먹지 않고 베갯잇에 베고 죽는다 했다. 씨앗은 그 자체가 먹을거리기에 얼마든지 밥으로 먹을 수 있다. 그러나 흉년이 들어 먹을 게 없다고 내년에 심을 씨앗을 먹으면 당장 내 목숨은 연명할 수 있을지 모르지만, 그다음엔 모두가 죽는 일이 벌어진다. 씨앗을 받고 이어가는 것은 나만의 생존이 아니라 가족과 이웃과 공동체가 함께 사는 근본적인 도리였다.

요즘엔 씨앗 받는 농사가 사라졌다. 거의 종묘상에서 돈 주고 사다 심는다. 문제는 사다 심는 종자는 대부분 불임잡종 종자라는 사실이다. 키워 먹을 수는 있어도 다음 씨앗을 받을 수가 없다. 계속 돈 주고 사다 심게 만든 것이다. 설령 어쩌다 씨앗이 맺혀도 발아가 되지 않는 불임 씨앗이거나 발아가 되어도 제대로 자라지 못하고 제대로 자란다고 해도 부모와 전혀 닮지 않은 이상한 열성인자가 발현되어 먹기도 힘들다.

호기심에 돈 주고 산 당근 씨앗을 세 번 정도 씨앗을 받아 심은 적이 있었다. 처음 심었을 때는 당근 뿌리가 두세 개로 갈라졌는데, 두 번째는 다리가 더 많이 갈라지고 마지막에는 다리가 아닌 혹 덩어리들이 넉지덕지 달린 괴물 같은 당근이 열렸다. 맛을 보니 도저히 먹을 수 없는 상태였다.

또 돈 주고 사다 심는 종묘상 씨앗은 이른바 저작권이 있는 것들이다. 그것을 개발한 다국적종묘회사들이 특허를 받았기 때문에 허락도 받지 않고 그 씨앗을 받아 심으면 불법이다. 말하자면 사용료, 곧 로열티를 내야 내가 받은 씨도 심을 수가 있는 것이다.

그래서 이래저래 우리 농부님들은 돈 주고 사야 하거나 아니면 받는 씨조차 저작권이 있어 로열티를 내고 심어야 한다. 그런데 왜 그런 씨를 심어야 할까? 그런 씨를 보통은 장려품종, 1대 잡종, 개량종 등으로 불리는데 어쨌든 그런 씨는 수확량이 많고 상품성이 좋은 게 특징이다. 농업이 현대화, 상업화되면서 개량종들이 우리 농경지를 장악했다. 돈 주고 사기 싫고 로열티도 내기 싫다 해서 재래종(토종) 씨앗을 심으려 해도 이미 시장에선 토종이 퇴출된 지 오래인지라 다시 자리 잡기도 힘들다. 수확량도 적고 상품성도 떨어져 재진입하기는 더욱 불가능하다.

토종 씨앗의 힘

개량종은 수확량도 많고 상품성이 뛰어날지는 모르지만, 병해충에 약하다는 문제가 있다. 종자를 개량할 때 특정 병에 강하게 육종하기 때문에 개량종은 '수직 저항성'이 강하다고 한다. 한 가지 병충해에 강하다는 얘기다. 다른 말로 하면 특정 병에는 강할지 모르지만 그 외 다양한 병들에는 약한 것이다. 그러나 토종은 오랜 세월 같은 환경에서 재배되어왔기 때문에 그 환경에 적응하면서 여러 가지 병충해에 견뎌왔다. 병에 걸리지 않는 것은 아니지만, 병에 걸릴지라도 스스로 치유하거나 병의 확산을 막을 수 있는 능력이 있다. 이를 앞의 수직 저항성과 대비하여 수평 저항성이라고 한다.

그래서 토종 종자를 심어 재배하면 농사가 쉬워진다. 호미 한자루로 짓는 농사에서 빠져서는 안 되는 중요한 원칙이다. 그런데 왜 순위에서 맨 뒤로 밀려났을까? 일단 초보자들이 토종 씨앗을 구하기도 힘들거니와 설령 구하더라도 씨를 자가채종 하는 게 의외로 만만치가 않기 때문이다.

토종은 오랜 세월 우리 환경, 우리 자연, 우리 고향에서 재배되어왔기 때문에 우리 입맛에 잘 맞는다. 소위 말해서 '옛날 맛'이 난다. 우리 환경에 맞는 것이니 내 몸에도 맞는다. 진정한 신토불이 종자다.

또한 토종 종자는 농약이나 화학비료, 비닐멀칭이나 기계농법, 비닐하우스에 맞지 않는다. 오랜 세월 노지에서 재배되어왔기 때문이다. 그래서 더욱 제철에 맞게 해야 한다. 온실처럼 철을 어기고 재배하는 것에는 맞지 않는다. 이른바 옛날식 전통농법으로 지어야 맞는다는 것이다.

전통농법이란 무엇인가? 말하자면 기계, 농약, 화학비료 등 외부의 인위적인 에너지와 자재가 전혀 없었던 시절이니 전통농법이야말로 진정한 생태적 유기농사라 하겠다. 그렇다면 그것은 역설적으로 기계, 농약, 화학비료 없이도 짓는 요즘의 도시농업에 잘 들어맞는 농사가 된다. 달리 말하면 자급 목적의 텃밭농사에 잘 맞는 게 전통농법이요, 그래서 토종 씨앗인 것이다. 토종으로 농사를 지으면 씨앗을 돈 주고 사지 않아도 되고, 병충해에 강해 방제를 위한 돈도 적게 든다. 순환 자재와 순환 에너지를 사용하니 농사도 쉽고, 내 입맛에 맞고 내 몸에 맞아 건강에도 좋다.

지속가능한 농사와 생태적 삶

사람들은 평생 작물을 먹으면서 그 대가를 지불하지 않는다. 돈 주고 사면 그게 답례일까? 농부님에게 답례일 수는 있어도 작물에게는 답례가 되질 않는다. 나는 작물을 먹은 만큼 씨앗을 받아 그 후손을 퍼뜨려주는 게 진정한 답례라 생각한다. 평생 김치를 먹으면서 배추 씨앗을 받아 본 사람이 몇이나 될까? 평생 상추를 고기 싸 먹어는 봤어도 상추씨 받아 본 사람은 몇이나 될까? 씨를 받기는커녕 상추씨를 본 적도 드물 것이다.

　씨앗은 파는 게 아니었다. 그래서 우리는 욕할 때 '씨'(를)'팔'놈아 하는지 모른다. 씨를 판다는 것은 근본을 파는 것이요, 조상을 팔아먹는 꼴이다. 그 욕을 이렇게 해석할 때 비로소 진정한 욕이 된다. 대학 시절 시골에 친구들과 놀러 갔다 이해가 안 되는 풍경을 본 적이 있다. 밥 해 먹기 위해 쌀 사러 나가려 하는데 마침 민박집 밖에서 "쌀 삽니다!"하는 소리가 들려 우리처럼 쌀을 사려는 사람인가 보다 하고 나가보니 쌀을 파는 사람이었다. 반갑게 쌀을 사면서 "왜 반대로 얘기합니까?" 하고 물었더니 시골에서는 원래 그렇게 말한다고 했다. 나는 오랜 세월 그 뜻을 이해하지 못했다. 어떤 지역에서는 쌀 판다는 말 대신에 '돈 삽니다.'라고 하는 곳도 있다. 이를 보면 쌀 파는 행위를 금기시하는 문화가 있었지 않았나 싶었다.

그러다 경복궁 민속박물관에서 해방 후 미군정 시절 홍보 포스터 전시회가 있다고 해서 가보았다. 정확한 구절을 기억하지는 못하지만, "농민 여러분, 제발 쌀 좀 파세요."쯤 되는 내용이었다. 그때는 해방 후라 일제 시절 쌀농사를 지으면 전부 일본으로 강제 공출해 가느라 제대로 먹어보지 못했으니 아까워 내다 팔지 못했을 것이라 이해했다.

그런데 씨앗을 생각하다 단서를 잡을 수 있었다. 쌀이 뭔가? 그 또한 씨앗 아닌가? 쌀을 수확하면 제일 좋은 놈은 다음 해 씨앗으로 쓰고 나머지를 사람이 먹었다. 그래서 씨앗을 귀하게 여긴 조상들의 마음씨가 팔면 안 되는 역설적인 종자 문화를 만든 게 아닌가 싶었다. 우리나라는 씨앗이 많은 나라였다. 면적에 비해 열 배나 많은 종자가 있었다. 사람들은 우리나라가 콩 원산지라는 사실을 잘 모른다. 특히 우리나라엔 콩의 원조라 할 수 있는 야생 콩이 많다. 세계 최대 콩 종자 보유국인 미국은 야생 콩 종자를 제일 많이 수집, 보유하고 있는데 1/3이 한국에서 가져간 것이다. 나머지는 거의 다 중국에서 가져갔다. 중국이 한반도 면적의 40배가 넘는다는 사실을 상기시켜보면 우리 야생 콩 종자가 얼마나 많은지 알 수 있을 것이다.

우리 조상들은 콩을 재배하면서 먹기만 한 게 아니라 콩 종자의 가짓수를 많이 번식시켜왔다. 과연 얼마나 콩 가짓수를 번식시켰을까? 자그마치 4천여 가지가 넘었다고 하면 믿을까? 콩을 아무리 많이 아는 사람일지라도 100여 가지 알고 있기 힘들다.

일제강점기 총독 기관에서 조사한 바에 따르면 조선 농촌에서 재배되고 있는 벼 품종이 1,500여 가지˙ 가까이 되었다고 한다. 그런데 요즘 우리가 먹는 벼 가짓수는 50여 가지밖에 되질 않는다. 그것도 토종 종자가 아닌 장려품종들이다. 장려품종 종자는 매년 사다 심어야 한다. 채종도 가능하지만 2, 3년에 한 번씩은 갱신해야 원래의 상품성을 유지할 수 있다. 토종처럼 가임종자라 하기에는 불완전한 종자인 셈이다.

비록 우리 조상들은 가난했을지라도 종 다양성(Species Diversity)을 몸소 실천한 육종가들이었다. 굶어 죽을지언정 씨를 먹지 않았던 종자 지킴이들이었다. 말하자면 사람은 가난하더라도 자연은 풍요로웠던 것이다. 지금처럼 먹을 게 풍부하지는 않았어도, 종 다양성이 감소하여 자연이 '빈곤'해진 상태는 아니었다. 만약 우리가 배불리 먹는 데에만 만족한다면 머지않아 우리 후손들은 사막화된 지구에 살게 될 수도 있다. 그렇다면 지금 당장 배불리 먹는 게 마음 편한 일만은 아닐 것 같다.

나는 인간이 작물을 먹은 만큼 작물에게 대가를 지불해야 한다고 생각한다. 바로 작물의 후손을 번식시키는 일이다. 이게 바로 지속가능한 농사, 지속가능한 생태적 삶의 근본이다.

텃밭에 어울리는 토종 작물들과 씨받기

① 상추

텃밭에서 제일 많이 심는 게 상추다. 상추는 국화과식물답게 꽃잎을 보면 꽃차례가 꼭 국화꽃을 닮았다. 상추는 참으로 많이 심는다. 전국 어

˙ 「조선도품종일람(朝鮮稻品種一覽)」.

과(科)	직파 시기 (중부 지방 기준, 모종은 일주일 뒤)		이용 부위	개화 특성	채종 시기
	봄	가을			
국화과	4월 초(음력 3월 초순) 청명	9월 초(음력 8월 초순) 백로	잎	장일성	6월 중순(음력 4월 하순)

디 가나 텃밭을 했다 하면 상추다. 상추 못 먹고 죽은 조상이 있는 것처럼 상추에 집착한다고 할 정도다. 아무래도 상추 자체보다는 육식을 많이 하는 요즘 풍토 때문인 것 같다.

역시 그래도 상추는 좋은 쌈채소다. 키우기 쉽고 수확량도 많아 이웃과 나눠 먹기도 좋다. 쌈채소이기도 하지만, 겉절이로 먹기도 좋고 국거리용으로도 괜찮다. 토종 상추로는 담배상추, 적상추, 청상추 등이 있는데 나는 청상추를 추천하고 싶다. 적상추는 겉보기에 예쁘고 맛도 좋지만, 꽃대가 금방 올라와 좀 먹을라치면 먹을 게 없다. 그런 점에서 청상추가 좋다. 꽃대도 늦게 올라오고 병충해에도 강하다.

상추는 씨로 심어도 잘 난다. 초보자는 모종을 사다 심는 게 좋지만, 곧 씨로 직파하는 것을 배우기 바란다. 상추는 명(明)발아성 씨앗이라고 한다. 대체로 잡초라 불리는 풀들이 명발아성 식물이 많다. 빛을 봐야 발아가 잘된다는 뜻이다. 야생의 풀씨는 누가 흙으로 덮어주지 않으니 그게 자연스런 일일 것이다. 반면 작물들은 암(暗)발아성이 많다. 빛을 보지 않아야 싹이 잘 나는 것이다. 대표적인 작물이 바로 감자다. 감자는 빛을 보면 표피가 파래져서 독이 생기고 발아도 잘 안 된다. 흙으로 덮어 어둡게 해야 싹이 잘 난다. 아마도 사람들이 새나 벌레로부터 씨앗을 보호하고 가물지 않게 하려고 오랜 세월 흙을 덮어오면서 그에 적응한 결과가 아닐까 싶다.

씨받기

상추는 아마도 씨 중에 제일 가볍고 작은 놈인 것 같다. 그래서 받기가 참으로 까다로운 놈이다. 꽃대가 올라와 꽃을 피우는데 아주 작다. 국화과라 작기는 하지만, 자세히 보면 예쁜 꽃이다. 꽃이 지면 씨가 맺히는데, 씨가 한두 개씩 맺히기 시작하면 밑동을 낫으로 잘라 거꾸로 매달아 둔다. 씨를 잘 살펴보면 납작하고 가벼운 참깨씨 같기도 하다. 바싹 마르면 씨 부위만 모아서 손으로 살살 비빈다. 그러면 검불과 씨가 한데 분리되어 떨어지는데 이를 키 위에다 얹고 까불려 씨를 분리한다. 씨가 아주 가벼워 바람에 검불과 함께 날아가버릴 수 있기 때문에 조심조심 다루어야 한다.

종류

상추의 종류는 대표적으로 적상추와 청상추가 있다. 보통은 적상추가 맛있다고 하지만, 청상추를 더 좋아하는 사람들도 많다. 나도 사실 청상추가 더 좋다. 적상추는 색감이 좋고 청상추는 식감이 좋다. 적상추는 추대가 빠른 반면 청상추는 추대가 늦다. 그래서 청상추를 오래 먹을 수 있다. 특히 중부 지방에선 적상추 추대가 빨라 봄에 한두 번 따 먹었을까 싶은데, 벌써 꽃대가 올라와 먹을 게 없다. 육종한 교잡종 상추는 추대를 늦게 나도록 만들어 적상추도 좀 길게 먹지만, 토종은 그렇지 못하다. 그래서 중부 지방에선 청상추를 권하고 싶다. 아주 건강하고 오래도록

| 토종 청상추는 예쁘지는 않지만, 아삭한 식감이 뛰어나고 추대가 늦어 늦게까지 먹을 수 있어 좋다

먹을 수 있으니 내 체질에 한결 잘 맞는다.

제일 맛있는 상추로 알려진 게 이른바 담배상추다. 원래도 그 명성이 대단했지만, 모 방송국의 프로그램에 소개되면서 더 유명해졌다. 상추 본래의 쌉싸래한 맛이 바로 옛날 맛이라 하는데 잎이 꼭 담뱃잎을 닮았다 해서 붙여진 이름이다. 나는 먹어보지도 키워보지도 못했는데, 요즘엔 종묘상에 가면 개량한 담배상추 씨앗을 살 수도 있다. 토종 담배상추와 어떻게 다른지는 잘 모르겠다.

②배추

과(科)	직파 시기 (중부 지방 기준, 모종은 일주일 뒤)		이용 부위	개화 특성	채종 시기
십자화과	봄 4월 초(음력 3월 초순) 청명	가을 8월 중순(음력 7월 초순) 말복	잎	춘화성 장일성	6월 중순(음력 4월 하순)

배추는 텃밭농사에서 매우 요긴한 채소이다. 조금만 정성을 들이면 작은 땅에서도 김장을 담가 먹을 수 있다. 토종 배추로는 개성배추, 서울배추, 의성배추, 제주 구억배추 등이 있다. 나는 최근엔 구억배추를 주로 심는데, 다른 토종 배추와 다르게 속이 차는 배추여서 맛도 좋고 인기도 좋다.

배추는 봄에도 심어 먹고, 가을에도 심어 먹는다. 주의할 것은 봄에 너무 일찍 심거나 너무 늦게 심지 않아야 한다는 점이다. 일찍 심으면 꽃샘추위에 노출되어 일찍 꽃대가 올라와 먹을 게 없을 수 있다. 너무 늦게 심어도 더위에 노출되어 일찍 꽃대가 올라와서 정작 먹을 것을 놓칠 수 있다. 배추는 십자화과식물로 꽃이 십자 모양으로 사방으로 네 장 핀다고 해서 그렇게 분류된다. 같은 과의 작물로는 무, 갓, 유채, 알타리 등이 있다. 십자화과작물의 특징은 씨가 추위를 맞으면 꽃대가 잘 올라온다는 점이다. 앞서도 설명했지만, 이를 춘화현상이라고 한다. 그래서 봄에 배추를 심을 때는 꽃샘추위가 가신 다음이 제일 적당하다. 식목일, 한식이 있는 청명 전후가 좋다. 양력으로 4월 5일 이삼 일 전후, 음력으로는 3월 초가 좋다. 강남 간 제비가 돌아온다는 삼월삼짇날이다.

씨받기

배추 꽃대를 장다리라 한다. 무나 배추 같은 십자화꽃을 장다리꽃이라 한다. 배추꽃은 유채와 똑같다. 같은 과이기 때문이다. 노란 꽃도 예쁘지만, 꽃향기가 배추 냄새와 꼭 같은 게 참으로 기가 막히다. 무꽃은 흰색과 보라색이 섞여 있거나 흰색의 꽃이 핀다. 꽃에서 무 냄새가 나지만, 그 향이 무척 좋다. 사실 무꽃 향을 처음 맡자마자 놀라서 웃음을 참을 수 없었다. 무 먹고 나오는 트림 냄새가 떠올랐기 때문이다. 무를 먹고 내뱉는 트림 냄새와 똑같은 꽃향기라니 참으로 웃긴 노릇이다.

| 구억배추꽃

| 게걸무꽃

또한 꽃 모양의 청초함은 순박하고 맑기만 한 산골 처녀를 떠올리기에 충분하다. 무꽃만큼은 아니어도 배추꽃 또한 그 반전이 만만치 않은 감동을 준다. 무리 지어 피는 모습은 영락없이 제주도 유채밭 같다.

배추는 꽃이 지면 조그마한 콩 깍지 같은 게 열린다. 꽃이 깍지로 다 변했을 때 밑동을 베어다가 바닥에 돗자리 같은 것을 깔고 비 맞지 않게 말린다. 다 마르면 씨앗이 아주 쉽게 떨어지니 손으로 슥슥 비비기만 해도 씨를 쉽게 받을 수 있다.

종류

배추는 크게 결구배추와 불결구배추가 있다. 토종 배추는 대부분 불결구이거나 반결구배추인데 대표적인 것이 개성배추와 서울배추, 의성배추 등이 있다. 개성배추는 뿌리가 주먹만 해서 먹는 뿌리로 유명하다. 그 맛이 쌉쌀하면서 씹을수록 개운하고 단맛이 난다. 국 끓여 먹기도 하고 날로 먹기도 한다. 아예 뿌리만 먹는 뿌리 전용 배추도 있다. 간식용으로 아주 맛있어 안주로도 그만이다.

토종 배추 중에도 결구되는 게 있다. 바로 1장에서 소개한 구억배추로 제주도 서귀포시 대정읍의 구억리라는 마을에서 재배되던 재래종이다. 토종 배추 중에 결구되는 것도 드물지만, 맛도 매우 기가 막힌 배추다. 따뜻한 제주도에서 재배되던 재래종이어서인지 내가 사는 경기도 안산에서는 잘 맞지 않는 것 같았다. 벌레도 많이 달라붙고 가뭄에도 취약하다. 그런데 이듬해부터는 확실하게 적응하는 모습을 보여주었다. 역시 토종 종자의 뛰어난 적응력이다.

맛이 좋은 구억배추는 금방 퍼져나갔다. 처음 구억배추 씨앗을 얻을 때 안완식 토종 박사님께서 얼마나 애를 쓰시며 얻었는지 생각해보면 참으로 격세지감이다.

③ 무

과(科)	직파 시기(중부 지방 기준)		이용 부위	개화 특성	채종 시기
	봄	가을			
십자화과	4월 초(음력 3월 초순) 청명	8월 중순(음력 7월 초순) 말복	잎과 뿌리	춘화성 장일성	6월 중순(음력 4월 하순)

무는 배추에 비해 키우기도 쉽고 반찬거리로 참으로 요긴한 채소다. 김치 담글 때도 필수 채소지만, 동치미, 짠지로 만들어 먹어도 좋다. 줄거리는 시래기 엮어 그늘에 말렸다가 나물로 해 먹거나 찌갯거리, 생선조리용으로 먹으면 참으로 끝내준다. 또 무를 얼지 않게 보관했다가 무나물을 해먹거나 각종 찌개, 국, 탕을 해 먹을 때 넣어 끓이면 국물이 시원하고 다른 재료들과 잘 어울려 깊은 맛이 우러난다.

무도 배추처럼 봄과 가을에 재배한다. 가을에는 배추 모종을 하고 바로 직파한다. 한 구멍에 네다섯 알씩 넣어도 되고 씨가 많으면 줄뿌림해도 좋다. 적당히 솎아주면 알타리처럼 조그만 무를 골라 수확해 알타리 김치를 해 먹는다. 나는 별도로 알타리를 심어 먹지 않는다. 그냥 무가 덜 컸을 때 솎은 것으로 알타리 김치를 담근다. 총각김치라 부르는 게 더 어울린다. 무 또한 오줌과 쌀뜨물 섞어주면 아주 맛있게 큰다.

씨받기

무는 배추에 비해 씨받기가 조금 까다롭다. 가을에 심고 수확한 무 중에 마음에 드는 놈을 골라 땅에 묻는다. 빗물이 고이지 않을 돋은 땅에 호미 한 자루 정도 깊이로 땅을 파고 무를 묻는다. 무 뿌리 머리 부분에서 새싹이 나오므로 줄기를 자를 때 너무 싹둑 자르면 생장점이 다 날아가니 조심해서 적당히 줄기를 자르고 묻는다. 무를 묻고 나서는 흙을 덮는데 산소 봉분처럼 봉긋하게 덮는다. 구멍의 지름보다 더 넓게 덮는 게 좋다. 그래야 보온이 잘된다.

무를 조금 넉넉히 넣어두고 겨우내 꺼내 먹는 재미도 쏠쏠하다. 봉분 한구석에 손을 집어넣을 수 있을 만큼 구멍을 내고 팔뚝만 한 두께로 둘둘 만 볏짚으로 막아두면 된다. 봄 되면 무를 꺼내는데 새순 돋은 놈들을 잘 골라 춘분 즈음 음력으로는 2월 초순경, 노지에 옮겨 심는다. 그러면 양력 5~6월쯤 꽃이 피고 씨가 맺히기 시작한다. 배추의 꼬투리처럼 생겼는데 배추보다는 꼬투리가 조금 통통하고 짤막하다. 문제는 꼬투리 껍질이 두툼하다는 것이다. 그냥 말렸다가는 껍질이 질겨 씨를 걸러내기가 힘들다. 배추는 스윽 문대기만 해도 씨가 탈립되어 나오지만, 무는 그렇지 않다. 그래서 무꽃을 받을 때는 이런 방법을 쓰면 좋다. 꽃이 깍지로 변했을 때 밑동째 베어다가 바로 말리지 말고, 습기를 적당히 머금은 거적때기 같은 것으로 하루에서 이틀 밤 정도 덮어둔다. 그러면 무 깍지에 곰팡이가 피는데, 그늘지고 통풍이 잘 되는 곳에 거꾸로 매달아두면 잘 말라 씨 털기가 수월하다. 다만 거적때기를 오래 덮어두면 깍지 껍질에 핀 곰팡이가 씨에게까지 타격을 줄 수 있다.

봄에 씨를 심어 씨를 받으려면 추울 때 씨를 심어야 한다. 아직 꽃샘추위가 남아 있는 춘분 전에 심으면 추위를 맞아 꽃대를 잘 올리고 꽃을 잘 피운다. 이를 춘화처리라 한다. 일정한 저온이 되면 꽃을 잘 피우는 현상을 말한다. 먹기 위해서 봄에 심을 때는 추위가 가신 청명 즈음해서 심어야 한다. 그래야 꽃대가 늦게 올라와 먹을 것을 건질 수가 있다.

종류

토종 무는 역시 진주 대평무가 제일 유명하다. 특이한 것으로는 제주도의 단지무가 있다. 마치 요강단지처럼 생겼다 해서 그런 이름이 붙었다. 또 재미있는 무로 게걸무가 있는데, '게걸스럽다'는 말과는 무관한 것 같다. 꼭 순무처럼 주먹만 하게 생긴 이 무는 동치미용으로 아주 그만이다. 그뿐만 아니라 시래기도 무척 일품인데, 시래기용 무라 해도 괜찮을 정도로 줄거리가 크고 맛있다. 대체로 토종 무는 알이 작고 조직이 알차서 저장성이 뛰어나다.

내가 갖고 있는 무 중에 연길무가 있다. 이 무는 조선족 교포가 전해 준 것인데 거름을 적게 주면 꼭 총각무와 비슷하게 생겼다. 실제로 이 무를 가지고 총각김치를 담그면 참 맛있다. 거름을 제대로 주면 잘 자라서 마치 큰 알타리 같은 느낌이다. 다만 끝이 뭉툭하지 않고 매끈하게 생겼다. 특징이라면 무의 푸른 부분이 많다는 점이다.

보통 무처럼 생겼지만 크기가 작고 알차게 생긴 무가 광주무다. 파란 부분이 적고 흰 부분이 많아 덜 아리고 아삭아삭한 게 식감이 좋다.

④ 시금치

과(科)	파종 시기(중부 지방 기준)		이용 부위	개화 특성	채종 시기
	봄	가을			
명아주과	4월 초(음력 3월 초순) 청명	9월 중순(음력 8월 초순) 백로	잎	장일성	6월 중순 (음력 4월 하순)

시금치는 나물 채소이자 국거리 채소다. 요즘은 샐러드 채소나 생채소로 먹기도 하지만, 질소질이 많이 축적되는 채소라 어린 것이 아니면 날로 먹는 것은 좋지 않다. 시금치는 봄에 심는 것과 가을에 심는 게 있는데 주로 가을에 심는 것이 토종 시금치라 보면 된다. 토종 시금치는 씨앗에 뿔이 달려 있어 뿔시금치라고도 한다. 봄에 심어 먹는 시금치씨는 뿔이 없는 것으로 개량 종자라 보면 된다. 뿔시금치를 그렇다고 봄에 못 먹는 것은 아니다. 가을이 되면 두 번에 걸쳐 심어 늦게 심은 것은 겨울을 나고 봄에 먹을 수가 있다. 뿔시금치를 봄에 심기도 하는데 금방 꽃대가 올라와 먹을 게 별로 없다.

시금치는 거름을 많이 주는 편이다. 질소질이 많은 똥거름 위주로 주는 것보다 퇴비 위주로 주는 게 더 좋다. 퇴비에 미량요소, 미네랄 양분이 풍부하기 때문이다. 그래서 옛날엔 아궁이 재를 똥이나 오줌과 섞어 시금치에 주면 아주 맛있었다고 한다. 통영이나 포항의 시금치가 유명한 것은 그곳 토질에 미네랄이 풍부하기 때문으로 보인다.

씨받기

시금치는 특이하게도 암, 수 그루가 따로 있다. 암수 이체(異體)라고 한다. 시금치는 장일성(長日性) 식물로 해가 길어지면 꽃을 피우기 때문에 해가 길어지는 봄에 씨를 잘 맺는다. 그래서 본성이 강하게 남아 있는 뿔시금치는 봄에 잘 안 심는다.

암, 수 그루가 어릴 때는 구별하기 힘들지만, 꽃대가 올라와 씨를 맺는 걸 보면 바로 알 수 있다. 씨를 맺은 게 바로 암컷이다. 시금치의 뿔을 손으로 만졌을 때 따가울 정도가 되면 익은 것이니 이놈들만 거둬서 말렸다가 씨를 받으면 된다. 씨를 맺은 시금치 암컷과 씨를 주고 나서 뼈만 앙상하게 남은 초라한 수컷을 보면 조금은 씁쓸한 기분이 들곤 한다. 시금치도 다 같은 생명이구나 하는 느낌이 드는 것도 그 때문인 것 같다.

⑤호박

과(科)	파종 시기(중부 지방 기준)	이용 부위	개화 특성	채종 시기
박과	직파 4월 중순(음력 3월 중순 전) 곡우 모종(온실 육묘)심기 5월 초순(음력 4월 초순) 입하	잎과 열매	중일성	10월 하순(음력 9월 하순)

호박은 참으로 대단한 작물이다. 풀을 이기는 이놈은 그 기세가 참으로 무섭다. 그래서 잘못하면 호박 때문에 이웃 간에 분란이 일기도 하여 주말농장이나 도시텃밭에선 되도록 심지 않기를 권하는 작물이다. 기세도 기세지만 기운도 대단한 놈이다. 산모가 아이를 낳으면 호박을 이용해 산후 독을 뺀다고 할 정도로 해독력이 대단하다. 호박은 생 똥을 한 바가지 구덩이에 담고 그 위에 심으면 똥독까지도 해독하며 잘 자라니 그 기운이 놀랍다.

한번은 밭에서 낫으로 일하다 손가락을 약간 베였는데 피가 줄줄 흐르고 멈추질 않았다. 주위를 둘러보니 바로 호박이 있어 잎을 따다 상처 부위를 덮어 풀 끈으로 졸라매고 계속 일을 했다. 한 시간도 채 지나지 않아 열어보았는데 피도 멈췄을 뿐만 아니라 통증까지 싹 가시는 게 아닌가.

호박은 열매도 좋지만, 잎을 물에 약간 삶아 된장을 넣어 쌈 싸 먹으면 참으로 그 맛이 죽인다. 여름 더위로 입맛 떨어졌을 때 특히 좋다. 어릴 때 따 먹는 애호박은 찌개에 넣어 먹어도 좋고 그 자체를 반찬으로 해 먹어도 입맛을 돋운다. 무성한 잎 속에 숨어서 자라는 늙은 호박은 가을 풍성한 수확철을 더욱 빛나게 한다.

호박은 오이처럼 암꽃·수꽃이 다르게 핀다. 꽃 밑에 아주 조그만 호박 열매를 달고 있는 게 암꽃이다. 꽃가루로 수정이 되면 이놈이 호박으로 자란다. 호박은 암꽃·수꽃이 다르기 때문에 나비나 벌 등 벌레가 잘 날아들게 통풍이 잘 되는 곳에 심는 게 좋다. 바람으로 꽃 냄새를 퍼뜨려 벌레들이 잘 찾아오게 해야 한다. 그래서 통풍도 좋아야 하지만, 풀들로 뒤덮이게 해선 안 된다. 호박은 기세가 좋아 풀을 이기기는 해도 풀이 아예 없는 것은 아니니 주의해야 한다. 초기 풀만 잡아주면 그다음은 호박 몫이다.

씨받기

호박도 씨받기가 아주 쉽다. 늙은 호박에서 씨를 채취해야 한다. 늙었다는 것은 과육의 열매를 먹으며 씨가 잘 영글었다는 뜻이다. 그래서 늙었다는 말은 왠지 찝찝하다. 늙었는데 어떻게 씨가 잘 영글겠는가? 어느 지역에 갔더니 늙었다 하지 않고 '익었다'는 말을 썼다. 참으로 신선했다. 그러니까 늙은 호박이 아니라 익은 호박이라는 것이다. 오이도 마찬가지다. 늙은 오이가 아니라 익은 오이라는 것이다.

호박은 크기나 색이나 모든 면에서 잘 익었다(늙었다) 싶으면 따다가 적당히 통풍 좋은 그늘에서 후숙시킨다. 요리나 약으로 호박을 쓸 때 씨를 따로 채집해 모아둔다. 깨끗하게 정리해서 햇빛에 잘 말렸다가 냉장고에 보관해두면 된다.

| 다양한 호박들

종류

호박은 참으로 종류가 많다. 암꽃·수꽃이 달라 다양하게 육종될 수 있기 때문이 아닐까 싶다. 호박은 울릉도의 엿 만드는 호박에서부터 맷돌처럼 생긴 맷돌호박, 길고 뭉툭한 호박, 다 늙어도 아이 얼굴 정도밖에 자라지 못하는 호박, 국수 뽑아 먹는 호박 등 셀 수 없이 많다. 최근에 구한 호박은 늙었는데 껍질이 노랗지 않고 진한 녹색이어서 신기했다.

⑥ 오이

과(科)	파종 시기(중부 지방 기준)		이용 부위	개화 특성	채종 시기
외과	직파 4월 중순(음력 3월 중순 전) 곡우	모종(온실 육묘)심기 5월 초순(음력 4월 초순) 입하	열매	중일성	7월(음력 6월) 10월까지 이후 수시로

오이도 텃밭농사에서 참으로 요긴한 채소다. 농사도 어렵지 않고 수확의 만족도도 꽤 높다. 특히 토종 오이는 농사짓기 더 쉽다. 지주를 세우지 않아도 농사가 아주 잘된다. 풀밭에서도 풀에 치이지 않고 열매도 잘 열

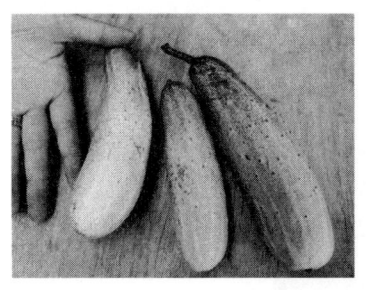
| 풋오이

고 병충해에도 강하다.

토종 오이는 특히 직파를 해도 싹이 잘 튼다. 거름도 적당하게만 주면 된다. 평당 5kg 정도면 무난하게 잘 자란다. 대신 자라는 상태를 보아가며 웃거름을 주는 게 좋다. 콩밭 사이에 심어도 괜찮다. 역시 거름을 적게 주어도 된다. 절기로 곡우 즈음해서 여름 오이를 심고, 6월 하지 무렵에 가을 오이를 심으면 두고두고 먹을 수 있다.

단, 토종 오이는 풋오이에서 금방 늙은 오이로 변하기 때문에 자칫하면 풋오이를 별로 먹지 못할 수 있다. 풋오이가 열린 걸 보고 며칠 있으면 먹을 수 있겠다 싶어 방심했다가는 금세 늙은 오이로 변한 것을 발견하게 된다. 그럴 때는 아쉬워하지 말고 늙은 오이를 소금에 절여 겉절이로 무쳐 먹으면 이 또한 별미다.

씨받기

오이는 씨를 받으려면 늙은 오이가 되도록 기다려야 한다. 오이가 충분히 늙도록 익었으면 따다가 적당히 통풍 잘 되는 밝은 그늘에 보관해둔다. 오이의 일부가 물러 터지도록 숙성시키면 더욱 좋다. 그러면 씨에 양분이 많이 축적되어 씨가 충실하다. 씨에는 오이 속과 과육이 함께 뒤섞여 있다. 대충 두 손으로 비벼 씨를 분리해 하루 이틀 정도 물에 불려둔다. 그러면 씨를 둘러싸고 있는 투명한 젤리질의 씨 보호막이 물에 불어 씨와 절로 분리된다. 씨를 잘 말려 밀폐 용기에 담아 냉장고에 보관해두면 아주 좋은 씨가 된다.

종류

토종 오이는 대부분 네트(Net)오이다. 오이 열매가 늙으면(정확히는 열매가 다 익으면) 전체적으로 그물 모양의 금이 생긴 것을 말한다. 사실 조선오이라 하면 거의 다 네트오이를 말한다 해도 과언이 아니다. 풋오이가 작은 것이 조선오이의 특징이지만, 종종 긴 풋오이도 있다. 간혹 네트가 생기지 않는 오이도 있는데 네트오이에 비해 늙은 오이가 좀 작다. 특이한 오이 중에는 제주도 오이가 있는데 제주에서는 '외'라고 부른다. 길지 않고 뭉툭하면서 크기는 참외보다 크고 수박보다 작다. 골이 세 개 정도 나 있는데 매우 깊은 게 특징이다. 충북 괴산에서도 특이한 오이를 발견했는데 풋오이나 늙은 오이나 색깔이 하얗다. 주인에게 물어보니 옛날부터 씨 받아 심어 먹던 건데 '미국오이'라 부른다고 했다. 피부가 하얘서 그렇게 붙인 것 같은데, 참으로 재밌다.

| 익은 오이와 가지

| 네트 모양으로 표피가 갈라져 네트오이라 한다

⑦ 가지

과(科)	파종 시기(중부 지방 기준)		이용 부위	개화 특성	채종 시기
	직파	모종(온실 육묘)심기			7월(음력 6월)
가지과	4월 중순(음력 3월 중순 전)	5월 초순(음력 4월 초순)	열매	중일성	10월까지 이후
	곡우	입하			수시로

가지는 농사도 비교적 쉽고 채소 반찬거리로도 인기가 좋다. 밑거름은 좀 많이 하는 게 좋은데 평당 5~8kg 정도 한다. 다만 28점박이무당벌레 피해가 큰 게 흠이다. 이 무당벌레는 가지과작물을 좋아하고 특히 감자와 가지를 아주 좋아한다. 벌레가 생기면 틈나는 대로 손으로 잡아주는 게 제일 좋다. 그러나 흙이 살아 있고 주변 생태환경이 잘 형성된 곳, 그러니까 천적이 적당히 활동하는 곳에선 무당벌레도 그렇게 힘을 쓰지 못한다.

가지도 역시 토종 오이로 하면 더 쉽다. 특히 모종으로 심지 않고 직파하면 더 쉬운데 지주를 세우지 않아도 끄떡없으니 일손이 적게 드는 것이다. 게다가 자기 힘으로 스스로 서 있으니 가지가 건강해 더 병에 걸리지 않는다.

씨로 직접 파종할 때는 줄뿌림 한다. 점뿌림을 해도 된다. 다만 점뿌림을 하게 되면 씨를 겹치게 해서 심게 되는데 싹이 나서 본잎이 본격적으로 자랄 때 솎아주지 않으면 웃자라 약하게 클 우려가 있다. 또한 다닥다닥 붙어 발아하면 서로 너무 치여 웃자라기 십상이다. 그러나 줄뿌림은 적당히 간격을 벌려 심기 때문에 솎아주기가 좀 늦더라도 웃자람으로 인한 피해를 크게 입지 않을 수 있다. 대체로 0.5~1cm 간격으로 심는 게 적당하다.

가지의 성장. 싹이 튼 가지(좌), 꽃피기 직전의 가지(중간), 가지 열매(우)

씨받기

오이씨 받을 때처럼 잘생긴 열매를 골라 따두었다가 열매가 무를 때까지 보관한 뒤 속을 갈라 씨를 채취한다. 가지 속은 오이처럼 과육과 씨가 명확히 구분되어 있지 않다. 보통 열매는 속살 속에 씨가 있고 과육이 이를 덮고 있는 형태라면 가지는 따로 속살이 없고 온통 과육만 있는데 그 사이사이에 씨가 흩어져 있다. 그러나 오이씨처럼 젤리질보호막이 있는 것은 아니어서 그나마 다행이다. 오이보다는 더 열매를 숙성시켜야 씨가 제대로 튼실해진다.

⑧ 토마토

과(科)	파종 시기(중부 지방 기준)		이용 부위	개화 특성	채종 시기
가지과	직파 4월 중순(음력 3월 중순 전) 곡우	모종(온실 육묘)심기 5월 초순(음력 4월 초순) 입하	열매	중일성	7월(음력 6월) 9월까지 이후 수시로

텃밭농사에서 토마토는 제일 인기 있는 군것질거리다. 또한 농사도 아주 쉽다. 평당 8kg 정도 거름을 좀 많이 준다. 구멍을 파서 물 주고 모종을

심으면 생명력이 아주 강해 금방 뿌리를 내린다. 토마토를 기를 때는 순지르기를 잘 해야 하고 지주도 잘 세워야 한다. 토마토는 순이 아주 많이 나서 조금이라도 순 지르는 시기를 놓치면 정신이 없어진다. 순지르기는 외줄기 하나만 키우는 것을 목표로 하는 게 좋다. 거름이 좋고 지력이 좋으면 두 줄기로 키우기도 하지만 자칫하면 감당하기 어려워진다. 지주를 좀 큰 것으로 해서 키우는 게 좋다.

토마토는 방울토마토와 주먹토마토가 있는데 이 중에 방울토마토가 농사짓기 아주 쉽다. 또한 먹기에도 쉽고 간편하다. 풀 매다 더울 때 따 먹어도 참 그 맛이 일품이다. 비빔밥이나 비빔면 등 음식 위에 고명으로 얹어 먹어도 좋다. 풋익은 것은 장아찌로 담가 먹어도 일품이라 반찬으로 아주 훌륭하다. 방울토마토 중 요즘 인기 있는 것은 대추토마토다. 대추만 해서 붙여진 이름이다.

주먹토마토도 농사는 쉬운 편인데 좀 어려운 점이라면 걸핏하면 열매가 갈라 터진다는 것이다. 밭에 조금이라도 늦게 가면 물러 터져 있거나 떨어져버려서 수확을 놓치는 때가 종종 있다.

| 토마토와 대파 혼작

토마토에 옆에다 대파를 심어놓으면 서로 좋다. 뿌리도 내리는 깊이가 달라 땅속 양분 경쟁을 하지 않고 위에서 햇빛 경쟁도 하지 않는다. 대파의 향이 토마토에 좋은 작용을 하고 토마토의 향 또한 대파에 좋다. 혼작의 대표적인 조합이다.

씨받기

토마토는 토종이 없다. 우리나라에 들어와 토착화될 겨를도 없이, 사다 심는 씨가 자리를 잡았기 때문이다. 그래도 지금까지 사는 씨도 키워서 씨를 받으면 발아가 잘 되는 편이다. 약간 덜 익은 열매 중에 큰 놈을 따다가 하루 이틀 후숙시킨다. 다시 투명한 비닐봉지에 담아 거품이 날 때까지 삭힌 다음 물에 풀어 씨를 받는다. 너무 삭히면 씨가 상할 수 있다.

하지만 나는 특별히 씨를 받지는 않는다. 땅을 갈지 않기 때문에 지난해 미처 따지 못한 열매가 땅에 떨어져 그 자리에서 토마토가 풀처럼 알아서 자라다 꽃 피고 열매를 맺는다. 나는 이놈들을 야생의 풀처럼 키운다. 지주도 세우지 않고 순도 질러주지 않는다. 그냥 넝쿨을 뻗게 한다. 그런데도 토마토는 열매가 잘 연다. 집에서 군것질로 먹을 만큼은 충분히 나온다.

⑨ 고추

과(科)	파종 시기(중부 지방 기준)		이용 부위	개화 특성	채종 시기
가지과	직파 4월 중순(음력 3월 중순 전) 곡우	모종(온실 육묘)심기 5월 초순(음력 4월 초순) 입하	열매	중일성	7월(음력 6월) 10월까지 이후 수시로

고추는 상추 다음으로 가장 많이 심는 텃밭채소 작물이다. 우리나라에 고추가 들어온 것은 그리 오래된 일이 아닌데도 우리나라 사람들은 고추 없이는 살 수 없게 되어버렸다. 특히 김치는 고추를 만나 거의 '혁명'이 일어났다고 해도 과언이 아니다. 김치 하면 고추, 고추 하면 김치가 떠오를 정도다. 고추장은 온전히 고추 때문에 생긴 전형적인 고추 소스다.

아마도 임진왜란 즈음해서 고추가 들어왔을 거라 추측하는데, 고추는 우리 음식 문화를 바닥부터 뒤집어놓았다. 처음엔 귀한 소금을 아끼기 위해서 항산화 기능이 뛰어난 고춧가루를 사용했을 것이다. 그런데 우리 민족은 고추 특유의 그 매운맛에 완전히 '맛이 갔다.' 김치 보관을 위해 고추를 넣었겠지만, 결과적으로는 단순히 보관 정도가 아니라 새로운 김치의 맛을 만들어낸 것이다.

고추는 거의 다 모종을 심는다. 씨로 심는 직파를 하는 사람은 거의 없다. 그런데 나는 직파를 10년째 실천하고 있다. 직파를 하는 이유는 앞에서도 얘기했지만, 고추 본래의 본성을 살려 스스로 건강하게 자라도록 하기 위해서다. 일반적으로 고총 모종은 추위가 아직 가시지 않은 2월 초 즈음 비닐 온실에 심는다. 서리가 가신 4월 말, 아주심기를 하는데 그러면 일찍 수확할 수 있다.

그런데 직파는 4월 중·하순에 한다. 남들 모종 심을 때쯤 하는 것이다. 게다가 직파를 하면 싹트는 데 3주는 걸린다. 남들은 모종하고 빠르면 열매를 따기 시작할 무렵에 싹 트기 시작하는 것이다. 마치 토끼와 거북이의 경주에 비길 만한 차이다.

그런데 직파 고추는 서리 내리기 직전까지 수확을 할 수 있다. 모종한 고추는 여름 지나면 역병, 탄저병 등을 못 이겨 차라리 갈아엎고 배추를 심는다. 물론 이렇게 일찍 거둬도 모종한 고추의 수확량이 훨씬 많다. 그러니 일선 농업인들은 이렇게 심는다. 그러나 자급을 목적으로 한 텃밭 농사에선 수확량이 많은 것보다 건강한 고추가 더 중요하다. 양보다 질이다.

직파 고추 농사에서 제일 중요한 것은 초기 풀매기다. 고추보다 풀이 먼저 싹 트기 때문에 풀매기를 열심히 해야 한다. 풀을 그냥 놔두면 고추 발아는 현격히 줄어든다.

싹 트는 데 성공하면 웃거름을 꼭 주어야 한다. 나는 오줌과 쌀뜨물을 1 대 1의 비율로 섞고 그것에 5배의 물로 희석해 직접 고추에 닿게 뿌린다. 고추가 두 갈래로 갈라질 때까지 일주일에 한 번씩 뿌린다. 그러나 장마철 빗물에 거름기가 빠져나간 상태를 보고 또 웃거름을 준다. 열매를 수확할 때마다 또 웃거름을 준다.

서리가 내릴 때쯤이면 고추가 마지막 꽃을 활짝 피운다. 풋고추가 무진장 열린다. 마치 이제 자기 생명이 다하는 것을 알고 다음 세대를 많이 번식시키려는 몸부림 같다. 이때 열리는 고추는 빨개지지 않는다. 서리를 맞으면 다 버리므로 미리 따서 장아찌를 담아두면 겨우내 일용할 양식이 된다. 살짝 붉어지는 고추는 따서 후숙시키면 마저 빨개진다.

고추 또한 토종으로 심어야 씨받기가 수월하다. 돈 주고 사는 씨를 직파하기에는 씨 값이 너무 비싸다. 1,000알 정도 든 고추씨 한 봉투가 몇만 원까지 하는 놈도 있다. 밀식을 해야 하는 직파를 이런 비싼 씨로 하기에는 너무 부담스럽다. 이런 씨는 불임일 경우도 많은 데다 발아율도 떨어지고 병충해에 더 약하다. 그러나 토종 씨를 직접 채종하면 얼마든지 많은 양을 받을 수 있어 직파하기에 부담이 없다. 나도 매년 한 대접 정도의 씨를 받고 있다.

씨받기

고추씨 받을 놈은 선별을 잘 해야 한다. 포기가 힘차게 잘 자란 놈을 한 줄에서 두세 개 선발한 다음 그 포기에서 또 잘생긴 놈만 골라 수확한다. 너무 익을 때까지 놔두지 말고 막 익기 시작한 고추 열매를 따서 완전히 빨개지도록 후숙시킨 다음 씨를 채취한다. 고추씨를 채취할 때는 특별히 주의할 부분이나 어려운 점은 없다. 다만 씨가 매우니 맨손으로 채취하면 반드시 손을 깨끗이 씻어야 한다. 씻지 않고 소변을 보거나 눈을 비비거나 하면 큰 낭패를 볼 수 있다. 씻고 나서도 한동안은 조심해야 한다.

종류

내가 심는 대화초는 강원도 평창군 대화면에서 심어 먹던 재래고추다. 매우면서도 달콤한 이 고추는 과육이 비교적 두텁고 통통하면서도 끝은 별안간 뾰족한 게 특징이다. 좀 더 매운 토종 고추로는 유월초가 있다. 일찍 수확한다고 해서 유월초라는 이름이 붙은 것 같다. 고추 중에 조생종이라 알려져 있다.

   토종 고추로 유명한 것 중에 붕어초라고 있다. 지역명을 따라 칠성초라고도 하는데 경북 영양군 일월면 칠성리에서 심어 먹던 재래고추다. 배불뚝이초라고도 하는데 붕어처럼 배가 불뚝해 붙여진 이름답게 열매가 크고 가운데가 볼록하다.

⑩ 감자

과(科)	파종 시기(중부 지방 기준)	이용 부위	개화 특성	채종 시기
가지과	3월 중순(음력 2월 초순) 춘분	땅속 줄기 열매 (덩이줄기)	중일성	8월(7월) 10월까지 이후 수시로

감자는 토마토, 가지, 고추와 같은 가지과식물이다. 감자의 열매는 땅속

에 열린다. 사실 열매가 아니라 땅속줄기가 변형되어 맺혀진 괴경(塊莖), 즉 덩이줄기다. 그래서 감자는 땅속으로 자꾸 들어가려는 고구마와 달리 자꾸 땅 밖으로 나오려는 속성이 있다. 북을 주는 이유도 거기에 있다. 감자는 햇빛을 받으면 파래져 독이 생기기 때문이다.

감자는 토마토와 같은 가지과라 토마토 같은 작은 열매가 맺힌다. 감자꽃이 피고 놔두면 조그마하게 열매가 맺히는데 궁금해 맛을 보니 영락없는 토마토 맛이었다. 위의 열매는 토마토가 열리고 땅속에는 감자가 맺히는, 작물 육종이 가능한 것도 이런 성격 때문이리라.

감자 또한 토종이 있는데, 구수한 맛은 일품이지만 분(粉)이 많지 않거나 거의 없다. 대표적인 토종 감자로 알려진 자주감자가 특히 그러하다. 분이 많은 감자는 대부분 육종한 개량종자라 보면 된다.

국내에서는 개량 감자인 수미와 남작 종자가 제일 많이 재배된다. 둘 다 외래종으로서 미국에서 개발한 수미(秀味)는 맛이 뛰어나다 해서 붙여진 이름이다. 남작 역시 미국에서 개발했는데, 영국을 거쳐 일제강점기에 일본 남작 귀족에 의해 들어왔다 해서 남작이라 불렸다.

남미가 원산지인 감자는 원래 그 종류가 5천 종이 넘었다고 하는데 지금은 800여 종밖에 남지 않았다고 한다.

감자는 바이러스 역병에 매우 약하기로 유명하다. 그 때문에 일어난 역사적 사건이 아일랜드 감자 역병이다. 감자를 주식으로 했던 아일랜드에 감자 대기근으로 많은 사람들이 굶어 죽게 되었는데 아사자가 무려 100만 명이 넘었고 미국으로 피난 간 사람들이 또한 100만 명에 달한다. 이런 사태가 생긴 것은 바로 한 종자만을 심어 먹은 단작 때문이었다. 다양한 종자를 심어 먹었다면 그런 사태를 예방했을 것이란 얘기다. 감자의 원산지인 페루 고산에 가면 아직도 감자를 심어 먹는 원주민들이 있다. 그들은 한 가지 감자가 아닌 여러 종류의 감자를 심어 먹는다고 한다. 여러 종류를 심으면 귀찮을 텐데도 그렇게 하는 이유가 바로 자연 재해에 매우 취약하기 때문이라는 것이다.

씨받기

감자야 특별히 씨 받는 법이 있을 게 없다. 그냥 잘생긴 놈을 골라 나중에 움이 트는 부위 중심으로 감자를 잘라 심으면 된다. 씨감자는 보관이 어렵다. 고구마는 따뜻한 방에서 겨울을 나게 해야 하지만, 감자는 영하의 날씨만 아니면 괜찮다. 보관할 때는 되도록 겹치게 않게 쫙 펴서 널어놓으면 좋다. 아니면 왕겨 같은 것에 묻어두는 것도 좋다. 저장 시에 발생하는 감자 가스가 옆의 감자의 발아를 촉진한다.

  씨감자를 자를 때는 눈을 중심으로 자르는데 크기에 따라 이등분, 삼등분, 사등분한다. 감자는 바이러스 역병에 약하므로 자르는 칼을 끓는 물에 반드시 소독하고, 잘린 단면에 재를 발라 보호막 처리를 한다. 재가 없으면 하루 통풍 잘 되는 서늘한 곳에 놔두어 잘린 단면에 피막이 형성된 다음 심는다.

종류

앞에서 말했듯 원래 감자는 5천여 가지가 넘었다고 하는데 지금은 800여 가지밖에 남지 않았다고 한다. 멸종 속도에 가속도가 붙어 가히 놀라울 정도다. 농경의 1만여 년 역사 동안 1만여 종의 작물 종자를 재배해왔

| 토종 자주감자

| 감자싹

는데 농업의 현대화, 기계화, 단작화로 150종으로 줄어들었다고 한다.*

토종 감자로는 자주감자와 분홍감자가 대표적이다. 강화도 분홍감자도 유명하지만, 울릉도 분홍감자도 그에 못지않다. 울릉분홍 감자는 색이 좀 더 진하고 강화 분홍감자는 엷다. 자주감자는 분이 많지 않지만, 구수한 맛이 일품이다.

⑪ 고구마

과(科)	파종 시기(중부 지방 기준)		이용 부위	채종 시기
메꽃과	모 키우기 3월 초순(음력 2월 초순) 경칩	모종 5월 중순(음력 4월 중순 전) 소만	뿌리	9월(음력 8월)이후 서리 올 때까지

고구마처럼 농사가 쉬운 작물도 드물다. 거름이 들지 않거나 아주 조금 주어도 되고, 풀도 한 번 정도만 매면 스스로 풀도 이기고, 병해충도 거

* 「콩의 해가 온 까닭」, 월간 《함께 사는 길》, 환경운동연합, 2016년 2월호, 62쪽.

의 없다. 그러면서 요긴하긴 꽤나 요긴하다. 고구마는 군것질거리로도 손색없고 식량으로도 아주 훌륭하다. 고구마 줄거리는 반찬으로도 좋다. 특히 다이어트 식품으로 탁월하여, 미네랄과 섬유질은 풍부한 반면 단백질이 아주 적어 배는 부르지만 살은 찌지 않는다. 물론 장 건강에도 좋다.

생산량도 꽤 많아 조선시대의 고구마 재배법을 보면 쌀의 20배에 달하는 양을 수확할 수 있다고 했다. 어떻게 가능한 일이었을까? 고구마 순을 지금처럼 30㎝ 간격이 아니라 1m 이상으로 넓게 심었다. 고구마가 넝쿨을 뻗어 마디에서 뿌리가 난 다음 어미에서 나온 줄기를 끊으면 아들 줄기가 왕성하게 번식하여 그 넓은 간격을 다 메우는 것이었다.

『총, 균, 쇠』(2013)라는 책으로 유명한 문화인류학자 재레드 다이아몬드에 의하면, 뉴질랜드의 원주민인 마오리족은 고구마를 주식으로 했다. 서양인이 들어가 그들의 삶을 살펴보니 전쟁을 해도 원정을 가지는 못하고 가까운 이웃 간의 작은 다툼 정도였다고 한다. 그런데 서양인에 의해 감자가 전해지고 주식이 변하면서 먼 지역까지 출정하는 전쟁을 하기 시작했다고 한다. 단백질이 별로 없는 고구마를 주식으로 하다 단백질이 풍부한 감자를 주식으로 하면서는 체력이 향상되어 원정을 할 수 있게 된 것이다.[•]

씨받기

고구마도 특별히 씨 받는 게 어려울 것은 없다. 먹기 전에 좋은 고구마

• 재레드 다이아몬드(Jared Diamond), 『문명의 붕괴』, 김영사, 2005, 233-234쪽.

를 잘 챙겨놓으면 될 뿐이다. 그러나 고구마는 꼭 토종으로 해야 한다. 요즘 유행하는 호박고구마나 밤고구마는 육종한 교잡종이라 이를 씨앗으로 하면 잎만 무성하고 고구마는 열리지 않거나 별로 달리지도 않을 뿐더러 엄마 고구마와 전혀 다른 고구마가 열린다.

고구마는 감자처럼 보관이 중요하고 순 키우기가(육묘) 중요하다. 고구마는 따뜻한 방에 사람과 함께 겨울을 났다. 감자와 마찬가지로 겹치지 않게 보관할수록 좋다. 고구마는 감자와 달리 조용히 썩는다는 말이 있다. 무슨 말인가 했다가, 고구마를 잘못 보관해 썩힌 적이 있는데 새삼 그 말을 실감했다. 감자는 단백질이 풍부해 썩을 때 보면 마치 고기 썩을 때처럼 냄새가 지독하다. 반면 고구마는 단백질이 별로 없고 섬유질과 미네랄이 풍부해 썩었는데도 냄새가 별로 없다. '아 이래서 조용히 썩는다고 했구나.' 했다.

순 키우기

흙을 담은 고무통이나 상자를 방 따뜻한 곳에 두고 준비해둔 씨고구마를 묻는다. 우수 지난 2월 하순이나 경칩이 드는 3월 초가 좋다. 텃밭에서 키워 집에서 먹을 정도라면 서너 개도 충분하다. 물은 주기적으로 적당히 주면 된다. 상자 밑으로 물이 새어 나올 정도로 줄 필요가 없어 구멍이 없는 대야에다 심어도 상관없다.

싹이 나서 새순이 올라오면 세 마디가 될 때까지 키운다. 가위나 칼로 세 마디 이상 된 것만 잘라 모은다. 따로 흙을 담은 상자에 자른 고구마를 심는다. 가식한 고구마 상자는 되도록 햇빛이 잘 드는 곳에다 둔다. 앞서 순 틔우는 상자는 햇빛이 잘 안 들어도 크게 지장은 없지만, 가식

고구마 순 키우기. 가운데는 고구마 열매를 넣어 순을 키운 것이고, 왼쪽은 그 순을 네 마디쯤 잘라 가식해놓은 것이다

하여 키우는 상자는 햇빛이 들어야 고구마 순이 웃자라지 않는다. 이제부터는 물을 자주 줘야 하므로 가식 상자 밑에 구멍이 뚫려 있어야 한다. 물론 흠뻑 주지는 않는다. 이렇게 키우면 시중에서 돈 주고 사는 고구마 순과 다르게 뿌리가 무성하다. 이 점이 아주 중요한데, 고구마 순을 심는 5월 중·하순이 되면 가물 때다. 순을 심으면 당연히 자주 물을 주어야 한다. 그런데 직접 키운 순은 뿌리가 무성해 처음 심을 때만 물을 주곤 거의 주지 않아도 된다. 가뭄이 아주 심각했던 2015년 봄, 이렇게 고구마를 심었는데 100% 가뭄 피해를 보지 않았다. 공교롭게도 이 해는 내내 가물었던 데다 신경을 잘 쓰지 못해 풀도 제대로 매지 못했다. 땅도 너무 거칠어 수확할 때쯤 보니 고구마 줄기가 잘 자라질 못해 수확은 거의 기대하지도 않았다. 그런데 웬걸? 보통 고구마를 심었을 때보다 더 많이 수확할 수 있었다. 참으로 쉽고 고마운 고구마가 아닐 수 없다.

종류

고구마도 토종이 있는데 구하기가 쉽지 않다. 나는 강원도 횡성의 물고구마를 구해 심어 먹는데 맛도 맛이지만, 수확하기가 참으로 수월하다. 개량한 고구마들은 열매가 길쭉하여 땅속으로 파고들기 때문에 수확할

| 땅속 고구마 열매

때 끊어지기 일쑤다. 반면 토종 물고구마는 길지 않고 약간 둥글둥글하여 땅속을 깊게 파고들지 못하므로 수확하기가 아주 좋다.

맛도 너무 달지 않고 적당히 담백해 주식으로도 좋고 매일 먹어도 물리지 않는다. 또한 물고구마여서 목이 메지 않아 참으로 먹기 좋다. 반찬은 김치면 그만이다.

말로만 전해지고 실제로는 구할 수 없는 고구마가 있다. 바로 해남 물고구마다. 아마도 지금은 사라진 것 같다. 이 물고구마는 찌면 속이 꿀물처럼 달고 수분이 풍부해진다고 한다. 마치 날달걀 까먹듯 끝을 따서 입에 대고 쭉 빨아먹으면 꿀물이 입안 가득 들어오는 게 참으로 일품이라고.

⑫ 들깨

과(科)	파종 시기(중부 지방 기준)		이용 부위	개화 특성	채종 시기
	직파	모종(별도 육묘)			
꿀풀과	5월 중순(음력 4월 중순) ~6월 중순(음력 5월 중순) 소만~하지	6월 하순(음력 6월 초순) 하지~소서	잎과 알곡	단일성	10월 (음력 9월)

| 들깨 까불리기

들깨는 참으로 요긴한 채소다. 잎은 다양한 반찬으로 쓰고 깨는 기름으로 쓴다. 잎은 쌈으로 먹고, 졸여서 먹고, 삭힌 다음 장아찌로도 먹고, 김치를 담가 먹기도 한다. 기름은 또한 얼마나 고소한가. 들기름은 이른바 오메가3인 불포화지방산이라 산패도 잘 되지만, 그 때문에 몸에도 좋다.

들깨는 참으로 농사가 쉽다. 직파를 해도 잘되고 모종을 심어도 잘된다. 심는 시기도 장마철인 7월까지도 가능하다. 늦서리 가신 5월 이후 아무 때나 심으면 된다. 따로 모종판을 마련해 모종을 키워 심어도 되고 느지막이 감자 수확한 다음 그루작으로 심어도 된다. 직파를 할 때는 새가 파먹을 수 있으므로 씨를 꼭 흙으로 잘 덮어야 한다. 모종할 때는 장마철 비오기 전날 심으면 수고롭게 물을 주지 않고 심어도 된다. 모종은 마디가 서너 개 되는 것을 심는다. 때를 놓쳐 웃자란 것은 땅에 깊게 묻거나 모종을 한 바퀴 동그랗게 말아서 심기도 한다.

씨받기

들깨는 재배하기 쉬운데 의외로 수확할 때 실수를 하곤 한다. 때를 놓치지 말고 수확해야 하는데, 다 익은 다음에 수확하면 알곡이 모두 땅에 떨어질 수 있다. 들깨 이삭이 일부라도 거뭇거뭇 익기 시작하면 베어야 한다. 풋익은 상태에서 거둔 다음 후숙시켜야, 알곡을 거두다가 땅에 떨어뜨리는 일도 예방할 뿐만 아니라 알곡도 튼실해진다. 낫으로 거둔 것은 그대로 밭에다 드문드문 잘 쌓아둔다. 참깨와 달리 비를 맞아도 큰 문제는 없다. 아주 바짝 마른 것이 아닌 한 들깨는 두 번 터는 것이 좋다. 적당한 크기의 돗자리를 마련하고 회초리 같은 얇은 막대기로 살살 두드려가며 턴다. 세게 두드려 털면 알곡만 털어지지 않고 이삭째로 떨어져 알곡을 쓸 수 없게 된다.

⑬당근

과(科)	파종 시기(중부 지방 기준)		이용 부위	개화 특성	채종 시기
	봄	가을			
산형과	3월 하순(음력 2월 하순) 춘분~청명	7월 하순(음력 6월 중순 전) 대서~입추	뿌리	장일성	6월 하순(음력 5월 하순) 하지

당근은 재배하기 어렵지 않은 채소다. 씨로 뿌리는데 0.5cm 정도 간격으로 직파한다. 파종은 좀 일찍 한다. 봄 당근은 3월 춘분에 감자 심고 나서 파종한다. 4월초 청명까지도 괜찮다. 가을 당근은 7월 말 대서를 지나 8월 초 입추 전에 파종한다. 조금 밀식해서 파종하고 자라는 것을 보고 솎아준다. 당근은 거름도 좋아야 하지만, 특히 흙이 좋아야 한다. 질소거름뿐만 아니라 무기질 유기물이 풍부할수록 좋다. 흙이 부슬부슬할

정도로 비옥해야 가뭄도 덜 타고 당근 뿌리도 잘 자란다.

씨받기

당근은 꽃이 우산처럼 생겼다 해서 산형과라 한다. 씨도 많이 맺힌다. 씨받기도 아주 쉽다. 가을에 심어 수확한 당근 중 보기 좋은 놈을 골라 줄기만 잘라내고 얼지 않도록 땅에 묻어두었다가 봄에 노지에 옮겨 심으면 꽃대가 올라와 초여름에 꽃을 피운다. 겨울 되기 전 땅에 묻을 때는 호미 한 자루 이상 땅을 파서 묻은 다음 봉분처럼 빗물이 들어가지 않게 북 돋아두면 얼지 않는다. 묻는 곳도 되도록 돋은 곳을 선택해 빗물이 들어가지 않게 한다. 땅에 묻기 귀찮으면 신문지로 잘 싸서 베란다 같은 곳에 얼지 않도록 보관하고, 봄에 당근 뿔의 머리 부분에서 새순이 올라올 때 땅에 옮겨 심는다. 또한 당근을 캐지 않고 땅에서 줄기만 잘라내고 볏짚으로 두텁게 덮어놓고 봄에 절로 새순이 올라와 꽃을 피우고 씨를 맺게 하는 방법도 있다.

당근에서 새순이 올라와 꽃대가 올라오면 6월 초 지나 꽃이 핀다. 씨가 맺힐 때쯤이면 장마가 올 수 있으니 대책을 세워야 한다. 장마가 쏟아

| 당근꽃

| 당근

지기 전, 적당히 씨가 맺히면 풋익은 것이라도 밑동에서 베어 비 맞지 않는 통풍이 잘 되는 곳에 거꾸로 매달아두면 씨가 후숙된다.

당근은 토종 씨 구하기가 어렵다. 종묘상에서 산 당근을 심어도 씨는 잘 맺는다. 그런데 이 씨를 받아 심으면 분리현상이 아주 심하게 나타난다. 처음엔 당근 뿌리가 두세 개로 갈라진 게 나오더니 다음엔 더 갈라지고 나중엔 혹 덩어리처럼 생긴 당근이 나온다. 먹어보면 맛도 전혀 없다. 그래서 더 이상 씨받기를 포기하고 말았는데 토종 모임에 나가 이 얘길 했더니 한 농부가 혹 덩어리 당근이라도 씨 좀 달라 했다. 이상한 당근이라 씨도 제대로 보관하지 않았지만, 워낙 씨가 많이 생기는 놈이라 대충 굴러다니는 씨앗을 챙겨 보내드렸다. 몇 년 뒤, 그 농부님은 혹 덩어리 당근 씨에서 제대로 된 씨를 고정하는 데 성공했다고 한다. 혹 덩어리 당근이지만 아주 드물게 제대로 된 당근을 수확할 수 있어 그놈들만 선발해 4년째 씨를 받았더니 정상적인 당근을 70% 이상 얻을 수 있었다는 것이다. 내게도 그 씨를 보내주겠다 하셨는데, 그 후 연락을 지금까지 미루어 아직 씨를 확보하지는 못했다.

⑭대파

과(科)	파종 시기(중부 지방 기준)		이용 부위	개화 특성	채종 시기
백합과	봄 4월 하순(음력 3월 중순 전) 곡우	가을 8월 하순(음력 7월 중순 전) 처서	잎과 뿌리	장일성	6월 하순(음력 5월 하순) 하지

대파는 백합과로 대표적인 양념 작물이다. 봄에는 4월 초, 음력으로는 3월 초, 절기로는 청명 지나 심는다. 가을에는 8월 하순, 음력으로는 7월

중순, 절기로는 처서 즈음 심는다. 대파는 채소와 혼작하면 좋은 작물이다. 고추와 함께 심어도 좋고 토마토, 오이, 호박, 배추 등과도 잘 어울리는 혼작 작물이다.

씨받기

대파는 꽃이 잘 핀다. 이른 봄에 심은 것을 가을에 수확하고 씨 받을 대파를 월동시키면 봄에 꽃대가 올라온다. 다른 것들도 그렇지만 대파는 씨를 더 많이 맺는다. 한 포기에서 씨앗을 1천 개 정도 채종할 수 있다 하니 어마어마하다. 꽃이 크고 잘생긴 놈 위주로 채집했다가 잘 말린 후 그것을 손으로 슥슥 비벼 씨를 탈립시킨 다음 검불을 키로 까불려 분리한다. 대파는 씨가 많이 맺히지만 묵은 씨는 좋지 않다. 되도록 지난해의 씨앗을 받아 바로 심는 게 좋다.

종류

토종 대파는 대체로 비슷한데 한번 심으면 부추처럼 그 자리에서 두고 두고 따먹을 수 있다. 뿌리째 캐지 말고 줄기를 가위로 끊어먹으면 그 자리에서 줄기가 또 올라온다. 조선대파는 자주 옮겨 심을 필요가 없다. 씨 뿌린 그 자리에서 그냥 키워도 잘 된다. 옮겨도 잘되지만 구태여 그런 수고를 할 필요가 없다.

토종 대파 중 재미있는 것으로 삼층거리파가 있다. 꽃이 피는 자리에 꽃 대신 새순이 올라오는 게 특이한 놈이다. 이게

| 대파꽃

삼층까지 새순이 올라온다 해서 그런 이름이 붙었는데, 보통은 이층까지 새순이 올라온다. 번식시킬 때는 씨로도 하지만 꽃대 위에서 새로 올라온 순을 잘라 심으면 잘 자란다.

⑮마늘

과(科)	파종 시기(중부 지방 기준)	이용 부위	개화 특성	채종 시기
백합과	10월 하순(음력 10월 초순 이후) 상강	잎과 뿌리	장일성	6월(음력 5월)

우리는 '마늘 민족'이다. 단군신화에는 마늘을 먹은 곰이 인간이 되어 환웅님과 결혼해 단군을 낳았다는 내용이 나온다. 부인을 '마누라'라고 부르는 것도 마늘에서 오지 않았을까 생각도 든다. 그래서인지 우리는 참으로 마늘을 많이 먹는 민족이다. 모든 음식에 필수 양념으로 들어간다. 그뿐이랴. 마늘은 먹지 않는 게 없다. 마늘 줄거리, 마늘종 등 뿌리에서 줄기까지 다 먹는다. 요즘은 마늘을 전기밥통에 넣어 열흘 이상 보온 상태로 두어 흑마늘을 만들어 약으로 먹기도 한다.

마늘은 겨울 되기 전에 심어 봄에 꽃대를 올리면 여름 되기 전에 수확한다. 추운 중부 지방에선 10월 말이나 11월 초, 늦으면 배추를 수확하고 심어 순이 나지 않은 채로 겨울을 난다. 이른바 한지형 마늘이다. 한겨울 추위에는 보온을 위해 볏짚을 덮는 것이 좋다. 요즘엔 비닐을 덮기도 하지만, 너무 따뜻하면 마늘이 웃자라 봄에 가뭄을 타고 알은 굵어도 저장성이 떨어진다. 따뜻한 중부 이남 지역은 9월 말에 심어 순이 한 뼘만큼 자랄 때 겨울을 난다. 바로 난지형 마늘이다.

마늘은 파리의 일종인 고자리파리 구더기 피해가 크다. 주로 뿌리와 줄기를 갉아 먹는다. 이를 예방하려면 냄새가 전혀 없고 풋풋한 흙냄새가 날 정도의 완숙거름을 만들어 써야 한다. 그리고 들깨와 돌려 심으면 고자리를 예방할 수 있다. 들깨의 독특한 향이 고자리를 못 오게 하는 것으로 알려져 있다. 그 외에도 소금을 물에 풀어 뿌리는 간단한 방법도 있다. 평당 100g 정도 뿌리면 적당하다고 한다.

씨받기

마늘은 씨받기가 조금 까다롭다. 마늘에도 씨가 있는지 의문을 갖는 사람들이 있다. 당연히 마늘도 씨를 맺는다. 마늘은 외떡잎식물이며 백합과에 속하는 작물이다. 마늘종이라는 게 말하자면 꽃대(추대抽薹)이다. 그러나 꽃은 퇴화되어 씨앗은 맺히지 않고, 씨가 아닌 주아(珠芽)가 맺힌다. 꼭 마늘처럼 생긴 새끼여서 보통 새끼 마늘이라 한다.

보통 마늘의 주아는 꽃대인 마늘종에서 열리지만, 밑동 바로 위의 줄기 옆구리가 갈라져서 맺히는 경우가 있다. 이를 불완전추대라고 한다. 마야가 부처님을 옆구리에서 낳았다는 것과 비슷하다. 마늘과 같은 마씨인 것을 보면 언뜻 그래서인가 하고 씩 웃곤 한다.

마늘종을 좋아하는 사람이라면 적당히 솎아 먹고 나머지는 새끼 마늘이 잘 영글도록 놔둔다. 나도 마늘종을 좋아하지만, 맘껏 먹지는 못하고 잘 영글고 있는 새끼 마늘은 씨앗으로 받는 데 쓴다. 새끼 마늘은 콩알만 해야 씨로 쓰기 적당하다.

주아는 씨마늘 심기 보름 전에 먼저 심는 게 좋다. 어려서 추운 겨울에 약하기 때문에 미리 심어 뿌리를 튼실하게 내리도록 하기 위해서다. 주아를 심으면 다음 해 마늘 수확할 때 같이 거두는데 통마늘이 맺힌

| 마늘 주아(좌)와 통마늘(우). 마늘종이 익으면 주아가 되고 주아를 심어 수확하면 통마늘이 된다. 통마늘을 심으면 3~4쪽 마늘이 나오고 이를 심으면 비로소 6쪽 마늘이 나온다

다. 통마늘은 마치 원뿔형 초콜릿처럼 생겼다. 이는 씨마늘 심을 때 같이 심는다. 그러면 이듬해 6쪽보다는 적은 쪽수의 마늘이 생기는데 이를 다시 심으면 이듬해 6쪽 마늘이 생긴다. 비로소 씨마늘이 만들어지는 것이다. 딱 3년 걸린다. 그러니까 매년 마늘밭에는 주아, 통마늘, 쪽마늘, 씨마늘 네 종류를 심는다고 보면 된다.

무슨 마늘이든 수확을 하면 반나절 햇빛에 말렸다가 적당히 종류별, 크기별로 분류해서 통풍 잘 되는 그늘에 말려 보관한다. 겨울이 되면 얼지 않도록 실내에 걸어두고 보관한다. 그러면 1년 이상 보관할 수 있다.

종류

나는 주로 서산 마늘을 심는데 요즘은 일산 마늘도 같이 심는다. 마늘 농사를 처음 할 때는 의성 마늘을 주로 심었다. 서산 마늘은 맛으로는 제일 좋은 것 같다. 아리지 않고 순하면서 아삭한 식감이 좋다. 일산 마늘은 알이 큰 게 특징이다. 언뜻 보면 난지형 마늘로 착각하기 십상이다. 맛도 서산 마늘 못지않은데 조금 아리다. 내가 사는 안산과 지역적으로 가까워서 그런지 재배도 잘된다. 서산 마늘은 따뜻한 곳에서 자라는 놈이어서 그런지 추위에 약하고 거름에도 민감한 편이다. 반면 일산 마늘은 키우는 맛이 좋다. 환경에 잘 맞아서 아주 잘 자란다. 일산 마늘을 키우고부터는 구경하러 오는 사람들이 모두들 마늘보고 잘 자랐다고 칭찬이 자자하다. 의성 마늘도 우리 지역과 비슷한 곳에서 자란 탓인지 잘된다. 다만 일산 마늘보다 더 아린 것 같아 요즘은 하지 않는다.

단양 마늘도 유명한데 아무래도 석회가 풍부한 지역에서 자라는 놈이라 우리 지역에 맞을 것 같지 않아 엄두도 내지 못했다.

⑯ 쪽파

과(科)	파종 시기(중부 지방 기준)	이용 부위	개화 특성	채종 시기
백합과	9월 초순(음력 8월 중순 전) 처서	잎과 뿌리	장일성	이듬해 6월(음력 5월)

쪽파는 양파와 대파 중간이라 보면 된다. 생긴 것은 작은 대파 같은데 대파처럼 씨로 번식하지 않고 구근으로 심는 점에서는 마늘을 닮았고 구근이 작지만 맛있는 것으로는 양파를 닮았다. 염교는 쪽파와 생긴 것도 비슷하고 닮은 점이 많은데, 다만 양파처럼 뿌리를 먹는다는 점이 다르다.

| 쪽파꽃

쪽파는 구근으로 심는다. 모양은 마늘 쪼갠 것을 닮았는데 주황색 껍질은 양파 껍질을 닮았다. 심을 때는 구근의 뿌리를 제거하고 위쪽은 가위로 약간 잘라 심는 게 좋다. 9월 초쯤 심고 가물면 물을 준다. 밑거름도 충분히 주지만, 자라는 것을 보

고 웃거름을 두세 번 준다. 김장할 때 수확을 하는데 좋은 놈만 거두고 나머지는 그대로 놔두면 겨울을 난다. 거름만 좋으면 겨울이어도 파란 줄기가 죽지 않는다. 파전으로 부쳐 먹든가 각종 반찬 양념으로 쓰면 채소 귀한 겨울에 아주 요긴하다.

씨받기

쪽파는 번식하기 아주 쉽다. 씨로 심지 않고 구근으로 심는데 겨울을 난 쪽파를 봄에 적당히 솎아주고 웃거름도 준다. 여름 되기 전에 시들기 시작하면 거둔다. 햇빛에 살짝 말린 다음 끈으로 줄거리를 묶어 통풍 좋은 그늘에 걸어두면 된다.

⑰ **양파**

과(科)	파종 시기(중부 지방 기준)	이용 부위	개화 특성	채종 시기
백합과	8월 하순(음력 8월 초순)	뿌리	장일성	6월(음력 5월)

양파는 재배하기가 좀 까다로운 편이다. 추운 겨울나기도 제일 어렵다. 육묘를 위한 파종은 좀 일찍 하는 게 좋은데 절기로 처서 지나서 바로 한다. 양력으로는 8월 하순경이고 음력으로는 7월 보름 전이 좋다. 직파를 하게 되면 좀 늦어도 되는데 양력으로 9월 초, 음력으로는 7월 하순쯤이 좋다.

　모종은 10월 말에 심으면 된다. 양파는 추위에 약하기 때문에 겨울 되기 전에 뿌리가 잘 활착되어야 한다. 그래도 월동 대책이 있어야 하는데 제일 좋은 것은 볏짚을 덮는 것이다. 왕겨를 덮어도 좋지만 봄에 벗기

| 양파　　　　　　　　　　　　　　　| 양파꽃

기가 좀 귀찮다. 풀 나지 말라고 봄에 벗기지 않고 놔두는 경우도 있으나 좋은 방법은 아니다. 봄이 되면 지열이 올라가야 하는데 왕겨가 햇빛을 가려 지열이 올라가지 않는다. 게다가 왕겨를 삭히기 위해 작물이 먹어야 할 양분을 토양미생물이 뺏어 먹는다. 톱밥을 덮기도 하는데 왕겨처럼 반드시 봄에 벗겨야 한다. 톱밥엔 타르와 같은 독 성분이 있기 때문에 땅에 그냥 두면 토양을 오염시킨다.

춘분 즈음, 음력으로 2월 중순 볏짚을 벗긴다. 그리고 호미로 표토를 긁는다. 겨우내 흙이 말라 금이 가 있으면 그 틈으로 흙 속 습기가 마른다. 일주일에 한 번씩은 웃거름을 주되 곡우까지는 줘야 한다. 곡우 이후부터는 자기 힘으로 자라야 한다. 웃거름으로는 오줌과 쌀뜨물이 아주 좋다.

씨받기

양파는 씨받기가 좀 까다로운 편이다. 양파는 꽃, 씨앗이 대파와 아주 흡사하다. 경험해보지 않은 사람이면 구별하기가 만만치 않다. 씨받기 쉬운 대파와 달리 양파는 영 사정이 다르다. 양파는 파종하고 씨받는 데까지 2년이나 걸린다. 추운 겨울에 얼지 않게 하는 데에도 세심한 신경을 써야 한다. 일단 양파를 수확하고 나서 마음에 드는 양파를 골라 잘 보관했다가 겨울 되기 전, 양파 구를 땅에 심는다. 얼지 않도록 볏짚이나 신문지 같은 것으로 덮어두면 좋다. 봄이 되면 알이 조그마하게 여러 개로 갈라져서 꽃대가 올라온다. 초여름에 씨를 받으면 된다.

| 양파 구근에서 여러 갈래로 갈라져 나오는 추대

⑱ 콩

과(科)	파종 시기(중부 지방 기준)		이용 부위	개화 특성	채종 시기
	직파	모종(육묘는 별도) 심기			
콩과	4월 하순 (음력 3월 중선 전) 곡우	5월 또는 6월 하순 (음력 4월 또는 5월 중순 전) 소만 또는 하지	잎과 알곡	단일성	10월 하순(음력 9월 하순)

콩은 한반도와 만주가 원산지다. 콩은 가짓수가 매우 많다. 우리 조상들은 콩의 가짓수를 자그마치 4천여 가지나 불려 후손들에게 물려주었다. 종자가 얼마나 중요한 근본인지 잘 모르는 멍청한 후손들이 눈뜬장님처럼 남들이 다 가져가도록 방치했다. 우리 종자를 거의 다 가져간 미국은 콩 세계 대국이 되었다. 우리 종자를 제멋대로 가져간 미국에게 욕을 퍼붓고 싶은 심정이지만, 우리 땅에서 없어진 종자를 미국에서라도 다시 얻을 수 있으니 마냥 욕할 수만은 없다. 이런 아이러니한 상황이 참으로 씁쓸하다.

원산지를 알려면 야생 종자를 찾으면 된다. 야생 종자가 많이 발견되면 대충 그곳을 원산지로 보면 된다. 우리나라 곳곳에는 야생 콩이 있다. 밭에서 귀찮은 풀 정도로 취급받는 돌콩, 새콩 등이 그것이다. 이런 야생 콩을 10년 넘게 서해안 무인도를 돌며 700여 종이나 모은 교수가 있다. 그 교수 이야기를 듣고 미국 일리노이 대학에 있는 세계 최고권위의 대두(大豆) 연구소에서 찾아왔다. 거액의 돈을 제시하고 그 연구소에서 함께 연구할 기회를 주겠다고 하며 야생 콩을 넘기라 제안했지만, 교수는 받아들이지 않았다. 이런 진정한 애국자의 모습에도 우리 사회는 별다른 관심을 기울이지 않는다. 야생 종자는 먹을 수는 없겠지만, 원천 유전 정보를 갖고 있을 뿐만 아니라 재배종에 없는 다양한 유전 정보도 갖고 있다. 그래서 야생종은 재배종을 육종하는 데 결정적인 역할을 할 수 있다.

몇 년 전에 충북 괴산을 6개월 동안 구석구석 돌며 토종 종자를 수집한 적이 있었다. 많은 종자들이 사라지고 있지만, 그래도 적지 않은 종자를 구할 수 있었다. 재미있는 것은 강낭콩만 스무 가지를 구했다는 점이다. 내 눈엔 콩이 다 거기서 거기 같은데 평생 종자 수집을 해오신 토종 박사님 눈에는 정확히 보였다. 어떻게 넓지도 않은 지역에서 그렇게 많은 강낭콩이 재배되고 있었을까?

사실 우리는 한마을 안에서도 같은 종자가 집집마다 달랐다. 워낙 산과 골이 깊어 한마을 안에서도 서리 내리는 날이 다를 정도로 날씨와 환경의 차이가 있었다. 오랜 세월 자가 채종하며 농사짓다 보니 같은 종자라도 집집마다 달라진 것이다. 농사 자체가 생물과 종 다양성을 구현하는 일이었고, 그야말로 농사가 자연을 지키는 일이었다.

재배법

콩은 서리가 내리지 않는 무상(無霜) 기간에 심고 수확해야 한다. 물론 서리태는 서리 한 번 맞추고 수확한다고 하지만, 대부분 콩은 그렇지가 않다. 그런데 봄에 서리가 가시자마자 심으면 너무 일찍 파종한 꼴이 되어 나중에 웃자랄 수가 있다. 웃자라면 잘 쓰러지고 열매 맺기도 어려울 수 있다. 그래서 대개는 장마 직전에 심든지, 아니면 장마 중 모종으로 심는다. 만일 일찍 심는다면, 그러니까 늦서리가 가시는 곡우 지나 바로 심으면 웃자라게 되니 장마 전에 웃자란 콩의 줄기를 과감하게 잘라내야 한다. 그러면 새순이 더 활발하게 올라와 콩이 무성해진다. 요즘은 이렇게 농사짓는 사람들이 많다.

콩은 거름을 만드는 작물이지만, 그렇다고 척박한 땅에서 무조건 잘 되는 것은 아니다. 콩은 거름을 많이 주면 안 되지만 산성토양은 싫어한다. 너무 척박한 땅이면 석회나 풀로 만든 퇴비 위주의 거름을 주는 게 좋다. 척박하거나 산성토양이라면 토양의 통기성도 좋지 않은 경우가 많다. 공기가 잘 통하지 않으니 공기 중의 질소를 고정시키는 콩 뿌리혹박테리아가 제대로 활동하기 힘들다.

콩은 햇빛과 통풍이 잘 되는 곳이 좋다. 콩은 마디에 태양 센서가 있어 마디가 가려지면 광합성 활동을 제대로 하기 힘들다. 거름을 많이 주어 잎이 무성해지면 콩 깍지가 잘 열리지 않거나 쭉정이가 많이 생긴다.

콩은 제일 무서운 게 새와 노린재다. 새는 비둘기나 까치 등이 콩 심어 놓은 걸 어떻게 아는지 정확하게 빼 먹는다. 설령 먹지 못하면 떡잎 올라왔을 때 떡잎을 쪼아 먹는다. 어떨 때는 먹지도 않으면서 떡잎 모가지를 싹둑싹둑 잘라버린다. 이를 예방하려면 모종을 키워 심는 게 제일 확실하다. 그러나 나는 고집스럽게 노지 직파를 고수하고 있다.

새 피해를 예방하기 위해 여러 가지로 시도해봤지만, 지금까지 제일 좋았던 것은 콩을 약간 깊게 심고 위에다가는 생풀을 두껍게 덮는 것이다. 그러면 콩이 싹을 올릴 때 떡잎과 속잎이 같이 올라온다. 보통은 떡잎이 올라온 다음에 속잎이 올라오는데 생풀이 두텁다 보니 이미 속에서 속잎까지 달고서 올라오는 것이다. 속잎이 함께 있으면 새는 떡잎을 건들지 않는다. 아마도 양분이 속잎으로 몰리면서 맛이 없어져 그런 게 아닌가 싶다. 그래서 나는 콩 심을 때까지 풀을 매지 않는다. 풀이 무릎까지 자라면 그제야 풀을 맨 다음 콩을 심는다. 한 뼘 정도 풀을 덮어주면 새가 쪼아 먹지 못한다. 콩이 싹을 올릴 때쯤이면 생풀은 숨이 죽어 마르면서 얇아져 싹 트는 것을 막지는 못한다.

일찍 심은 콩은 꼭 순을 질러야 한다. 이를 적심한다고 한다. 적심하지 않으면 웃자라 도복, 즉 쓰러질 수 있다. 늦게 심으면 적심하지 않아도 된다. 떡잎 다음에 바로 나온 속잎을 적심해주는 경우도 있다. 그러면 바로 떡잎과 줄기 사이에서 속잎이 올라와 마디가 짧아 웃자람을 예방하기 좋다. 가지도 많이 벌어진다.

콩은 단일성 식물이라 해가 짧아지면 꽃을 피우는데 대략 7월 하순 되면 꽃을 피우므로 너무 늦게 심으면 안 된다. 6월 초중순까지는 심는 게 좋다.

새 피해 다음으로 큰 피해는 노린재다. 톱다리개미허리노린재라는 놈인데 허리가 개미처럼 잘록하여 붙여진 이름이다. 콩이 맺히기 시작하는, 아주 어릴 때부터 콩깍지 즙을 쏙 빨아 먹는다. 콩깍지가 어느 정도 여물어도 피해를 입혀 콩이 쭉정이가 된다.

| 풀로 위장해 새가 먹지 못한 콩싹 | 다 익은 콩깍지

노린재 예방법으로는 밭 가장자리에다 코스모스를 심으면 그 향이 싫어 덜 온다고 한다. 다만 코스모스는 뿌리가 무성해 작물에 피해를 줄 수 있어 밭 가장자리에다 심는 것을 유념해야 한다. 다음으로 콩 밑에다 홍당무를 심는 방법도 있다. 홍당무 향이 노린재를 못 오게 한다. 그런데 노린재가 많이 발생했을 때는 이런 생태적인 방법도 무색해진다. 제일 확실한 것은 호르몬트랩을 설치하는 것이다. 이 호르몬은 일종의 암내 호르몬으로 수놈들을 유인하여 함정에 빠뜨리는 장치다. 50m 간격으로 콩밭 가에다 설치하면 노린재들이 트랩으로 몰려 갇혀 죽는다. 콩밭 근처에 설치하지 말고 약간 떨어진 데다 하는 게 좋다. 잘못하면 호르몬트랩 때문에 노린재를 콩밭에 불러들일 수 있으니 조심해야 한다.

콩은 또 가뭄에 약하다. 가물면 콩 열매가 제대로 영글지 못한다. 뭐든지 열매가 잘 영글려면 수분 공급이 원활해야 한다. 논둑에 콩을 심으면 땅을 아낄 수도 있지만, 항상 논에 물이 있어 가물지 않기 때문에 콩을 심기에 최적의 환경인 것이다. 논둑 같은 환경이 아니라면 가뭄에 대비하는 게 좋다.

종류

콩은 크게 세 가지로 분류할 수 있다. 장콩, 나물콩, 밥밑콩이 그것이다. 장콩은 된장, 간장을 만드는 콩으로 단백질 함유량이 높은 것을 선택한다. 대표적인 것이 바로 메주콩이다. 대두(大豆) 혹은 백태(白太)라고 하며 그냥 흰콩이라고도 한다. 재미있는 메주콩으로는 한아가리콩이 있다. 알이 커서 한 아가리에 들어갈 만하다 해서 붙여진 이름인데 역시 과장이 심하다. 제주도에 가면 푸르데콩이라는 메주콩이 있는데 약간 푸른 빛이 돈다고 해서 붙여진 이름이다. 메주콩은 단백질 함유량이 높아 특유의 비린내가 난다. 이 때문에 노린재가 잘 모여든다. 비린내를 좋아하는 노린재 특성을 이용해 호르몬제 대신 멸치를 트랩에 넣기도 한다. 물론 콩과 함께 넣으면 더욱 효과가 좋다. 비린내 나지 않는 메주콩을 육종한 것도 있는데 교잡종이라 자가 채종하면 다시 비린내 나는 콩으로 돌아간다.

간혹 서리태나 쥐눈이콩 등으로 메주를 담기도 하는데 이 콩들은 탄수화물 함유량이 많아 메주 담기가 쉽지 않다.

다음으로는 나물콩이 있는데 대표적인 것이 콩나물콩이다. 수박색처럼 푸르스름한 게 제일 흔하지만, 노란색의 나물콩도 많다. 물론 크기도 작다. 쥐눈이콩으로 나물을 키워 먹기도 한다. 또 다른 나물콩으로는 녹두가 있다. 녹두로 나물 키운 것을 숙주나물이라 한다. 숙주나물이라는 이름은 역사적인 실재 인물에서 비롯되었다. 세종의 당부를 저버리고, 조카인 단종을 제거한 후 왕이 된 세조. 바로 그를 도운 '신숙주'라는 인물에서 따온 것이다. 잘 변하고 쉽게 상하기 때문에 붙여진 이름이지만, 몸에는 좋은 나물이다. 비록 배신하긴 했어도 유능한 재상이었던 신숙주의 모습이 담겨 있는 것 같아 중의적인 의미가 재미있다.

녹두는 무엇보다 빈대떡의 재료로 유명하다. 녹두를 맷돌로 갈아 빈대떡을 해 먹으면 그 맛이 참으로 일품이다. 녹두는 한약 지어 먹을 때 먹어서는 안 되는 대표적인 음식이다. 녹두의 해독력이 탁월해 자칫 약으로 먹어야 할 한약의 약효를 제거해버리기 때문이다. 그뿐만 아니라 몸의 염증이나 어혈(瘀血, 나쁜 피)을 뺄 때도 탁월하다.

녹두장군으로 유명한 동학 농민전쟁의 지도자 전봉준을 대상으로 만든 녹두꽃 얘기를 들어보면 약간 슬프기도 하고 아쉽기도 하다. "새야, 새야, 파랑새야 녹두꽃에 앉지 마라, 녹두꽃이 떨어지면 청포장수 울고 간다." 이 대목을 보면 녹두꽃이 잘 떨어진다는 것을 암시하고 있지만, 이는 잘못된 노랫말이다. 녹두는 꽃이 잘 떨어지지 않는다. 익으면 깍지 안의 알맹이가 잘 튀어 나가는 콩이다. 아마도 야생성이 강하게 남아 있어서 그런 것이 아닐까 싶다.

야생 곡식은 탈립이 잘된다. 그래야 번식이 원활하기 때문이다. 그러나 탈립이 잘되는 야생곡식은 사람의 먹거리로는 적당치 않았다. 이미 탈립되어버린 곡식은 사람이 먹을 게 없었던 것이다. 그래서 탈립이 잘되는 녹두가 아직 야생성이 많이 남아 있다고 한 것이다.

나물콩은 단백질 함유량은 떨어질지 모르지만 무기질 양분이 풍부하다. 그래서 잘 썩지도 않는 것 같다. 원래 양분도 많은 콩으로 나물을 기르면 비타민과 같은 또 다른 양분이 만들어진다고 한다.

나물콩으로 특이한 것이 있는데 바로 '갓끈동부'이다. 옛날 모자인

갓에 달린 긴 갓끈을 닮았다 해서 갓끈동부라는 이름이 붙었다. 이름은 동부이지만, 나물처럼 채소로 먹는 콩이다. 콩이 다 익기 전에 풋익은 것을 따서 콩깍지째 요리해 먹는다. 나물처럼 데친 다음 무쳐 먹거나 찌개에 같이 넣고 끓여 먹는다. 생선조림을 할 때 생선 밑에 깔고 조려 먹으면 아주 맛있다. 라면에 넣어 먹어도 맛있고 프라이팬에 기름을 둘러 볶아 간장에 찍어 먹어도 일품이다.

갓끈동부는 이미 오래전에 멸종한 것으로 알려졌는데, 전남 순천의 한 토종 박사님이 끈질기게 노력한 끝에 전남 곡성 산기슭에서 찾았다고 한다. 그분은 평생 갓끈동부를 퍼뜨리는 데 열과 성을 다했다.

갓끈동부는 동남아시아가 원산지로 영명으로는 아스파라거스빈(Asparagus bean)이라고 한다. 몇 년 전 태국 농부님들이 한국을 찾아와 행사를 하는데 자기들 토종 작물을 전시하고 있었다. 그중 아스파라거스빈이라는 이름의 콩을 눈여겨보니 영락없이 갓끈동부인 것 같았는데, 파란색이 더 강하고 콩깍지가 좀 더 길어 보였다. 토종 농부님께 여쭤보니 갓끈동부의 원산지가 바로 그 지역이란다.

나물콩 다음으로 많이 이용하는 밥밑콩은 밥에 넣어 먹는 콩을 말한다. 대표적으로는 검정콩, 서리태, 강낭콩, 완두콩, 동부콩 등이 있다. 밥밑콩은 탄수화물 성분이 많아 장 담그기도 힘들고 나물 해 먹기도 힘들지만, 밥에 넣어 먹을 때는 그 맛이 참으로 달달하고 고소하다. 밥밑콩으로 재밌는 이름을 갖고 있는 것 중에 선비잡이콩이 있다. 선비의 입맛을 사로잡은 콩이라는 뜻으로 그만큼 맛있어서 붙여진 이름이다. 이 외에도 재미있는 콩들이 있다. 밤 맛이 나는 호랑밤콩, 적당한 키와 쓰러지지 않는 자태로 맛도 좋은 귀족서리태까지. 일반적인 서리태는 키가 너무 크고 잎도 무성하여 비바람에 잘 쓰러지는 데 비해 귀족서리태는 굳건히 자신의 자리를 지키고 있어 그런 이름이 붙었나 싶다. 콩알도 구수하니 참으로 맛있다.

특히 맛있는 콩으로는 팥이 있다. 붉은색을 띤 적팥이 대부분이지만, 그 외 다양한 색깔을 띠는 팥도 있다. 검은색의 비단팥, 잿빛이 도는 재팥, 얼룩무늬가 있는 개골팥, 타원형으로 긴 검붉은 색의 이팥, 노란색의 동부팥 등이 그것이다.

반면 동부콩은 그 종류가 다양하다. 어금니처럼 생겨서 어금니동부, 채소로 먹는 갓끈동부, 줄콩, 제비콩, 작두콩, 노란동부, 흰동부 등등 다양하다. 이 중에서도 제비콩은 꽃이 참으로 예쁘다. 울타리에 제비콩을 심어놓은 농가가 있어 들어가보았더니, 제비콩을 먹기 위해서뿐만 아니라 꽃이 예뻐 울타리에 장식해놓은 것이었다. 또한 모양이 작두처럼 생겼다고 해서 작두콩이라 불리는 재미있는 콩도 있다. 이 콩은 콩깍지가 무척 커서 폭 2cm에 길이가 한 뼘이나 된다.

그 외에도 콩은 그 종류가 엄청나다. 내가 알고 있는 것을 다 소개해도 100가지가 안 될 텐데, 우리 조상들은 콩을 자그마치 4천여 가지나 물려주었다니 민망한 마음이 들지 않을 수 없다.

⑲ 벼

과(科)	파종 시기(중부 지방 기준)		이용 부위	개화 특성	채종 시기
	직파	모종(육묘는 별도) 심기			
벼과	4월 하순 (음력 3월 중선 전) 곡우	5월 또는 6월 하순 (음력 4월 또는 5월 중순 전) 소만 또는 하지	알곡	단일성	10월 하순(음력 9월 하순)

우리 민족은 벼농사를 참 잘 짓고 많이 짓는다. 쌀이 주식이기도 하거니와 '밥심으로 산다'는 말처럼 벼가 한국인의 몸과 마음을 지탱하고 있다고 해도 과언이 아니다. 벼는 환경을 파괴하는 곡식이 아니라 환경을 지켜주는 곡식이다. 몇 천 년 동안 같은 땅에서 벼를 연작해도 땅을 망가뜨리지 않는다. 반면 밀이나 옥수수는 연작하면 토양이 망가지는 대표적인 곡식이다. 밀의 단작과 연작이 계속되면 연간 10톤의 흙이 침식되고, 옥수수는 그 양이 연간 20톤에 달할 것이라고 한다. 이미 1930년 미국 농학자들이 계산해낸 사실이다. 결과적으로 밀의 경작 수명은 100년, 옥수수는 50년이라고 한다. 말하자면 100년 동안 밀만 경작하면 땅은 더 이상 농사가 되지 않는 사막이 되고 옥수수는 더 빨라 50년 지나면 사막이 된다는 얘기다.●

그런데 왜 벼는 토양을 침식하지 않고 연작피해가 없을까? 이유는 너무나 명확하다. 바로 물 때문이다. 연작피해의 대표적인 현상은 작물이 뱉어내는 독소인데 하나의 작물을 계속해서 단작, 연작하게 되면 특정 독소가 토양에 축적되어 토양을 망가뜨리는 것이다. 논에 담아놓은 물이 작물의 독소를 중화시켜 연작피해를 막는 셈이다.

또 다른 연작피해는 미량요소의 결핍이다. 특정 작물을 계속해서 심게 되면 그 작물이 좋아하는 미량요소만 흡수하여 미량요소의 균형이 깨진다. 물에는 다양한 미량미네랄이 풍부해 연작으로 결핍된 미량의 영양분을 보충할 수 있어 미량요소의 불균형도 해결할 수 있다.

● 하인리히 에두아르트 야콥(Heinrich Eduard Jacob), 곽명단, 임지원 옮김, 『빵의 역사』, 우물이 있는 집, 2005, 554-555쪽.

| 벼 이삭과 벼싹

    한번은 농대 교수님을 만났는데 물의 이러한 효과를 이용해 옥상텃밭을 잘 만드는 요령을 일러주셨다. 요령의 핵심은 논처럼 옥상텃밭에 물을 담을 수 있는 장치를 마련하는 것이다. 옥상텃밭은 흙이 제한되어 있고 토양생태계가 조성되어 있지 않기에 몇 년만 농사지으면 금방 흙이 망가진다. 일종의 연작피해와 비슷하다. 미량요소 결핍, 염류 집적, 선충 피해 등이 대표적이다. 그래서 옥상에 텃밭을 만들기 전, 바닥에 비닐을 깔고 그 위에 흙을 깐다. 비닐 테두리에는 벽돌로 둑을 만들고 비닐로 벽돌을 덮는다. 나중에 물이 빠질 수 있게 배수구는 따로 만들어둔다. 흙을 담아 농사짓다 2, 3년 뒤 겨울이 되기 전에 물을 담는다. 물론 배수구는 막고서 말이다. 물을 자작자작하게 담아두고 겨우내 얼고 녹는 과정을 반복하도록 그대로 둔다. 그러면 흙이 청소도 되고 미량미네랄이 흙에 공급되어 다시 흙을 살린다. 이렇게 하면 흙을 갈지 않아도 되고 연작피해도 없이 농사를 지을 수 있다는 이야기다. 참으로 농대 교수님다운 과학적인 아이디어였다. 물론 근본적으로는 벼농사의 우수성을 증명하는 사례라 할 수 있겠다.

원래 우리나라는 벼만으로 자급이 되는 나라가 아니다. 벼만으로 식량을 자급할 수 있는 나라는 베트남이나 필리핀, 태국 같은 열대지역으로 벼농사를 2모작, 3모작하기 때문에 벼로 식량 자급이 가능한 것이다. 우리는 보리와 콩, 조, 수수 등 여러 곡식을 함께 먹어야 식량 자급이 가능하다.

그런데 우리도 하얀 쌀밥으로 자급이 가능하다는 환상을 심어 주어 식량 자급의 근본이 흔들려 버렸다. 쌀은 자급이 되는지 모르겠지만, 다른 곡식들은 자급은커녕 자급률이 10%도 되지 않는다. 콩은 우리가 원산지인데도 자급률이 겨우 8% 정도에 불과하다. 우리밀 같은 경우는 수입밀이 들어오면서 거의 사라질 뻔했는데 민간의 노력으로 다시 찾을 수 있었다. 그렇지만 여전히 자급률이 한 자릿수에 머물고 있다.

더욱 안타까운 것은 보리가 우리 밥상에서 퇴출되었다는 것이다. 보리는 원래 쌀 다음으로 중요한 식량 자원이었다. 또한 건강에 아주 좋은 곡식이다. 그뿐만 아니라 보리를 벼 이모작으로 심으면 논 토양에도 좋고 논 경관과 환경에도 아주 좋다. 그런데 보리밥은 가난의 상징이어서 하루빨리 퇴출해야 할 곡식으로 취급받았다. 이팝에 고깃국이라는 부자 밥상에 밀려 가난한 밥상일 뿐만 아니라 천한 사람들이나 먹는 밥상으로 왜곡된 것이다. 잡곡밥이라는 말도 그래서 나온 말이라 생각한다. 잡스런 곡식이 아니라 우리는 그냥 곡식밥이었다. 정확히는 오곡밥이었다.

또 하나 왜곡된 것은 '아끼바레'라는 일본 쌀에 대한 환상이다. 기름지고 차진 하얀 쌀밥에 대한 왜곡된 로망이 우리 벼 문화를 이상하게 만들었다. 토종운동을 시작할 때 제일 처음 찾아간 곳이 경기도 김포였다. 옛날에 임금님에게 진상했다는 쌀을 찾아갔다. 이름하여 '자광미'라는 토종쌀이었다. 자색, 그러니까 현미 상태에서 약간 검붉은 빛이 도는 쌀인데 덜 차지고 씹을 때도 입안이 개운하며 은은한 향이 난다고 했다. 옛날엔 마을 전체가 이 쌀을 재배했는데 찾아간 당시에는 한 분만이 남아 이어 짓고 있었다. 자광미로 밥을 해서 맛을 보니 듣던 그대로였다. 실제로 먹어 보니 입안에 감동이 가득 밀려오는데, 은은한 향도 향이지만 차지지 않으면서 개운한 맛이 참으로 놀라웠다.

이런 밥을 먹으니 옛날엔 이를 닦지 않아도 괜찮겠구나 싶었다. 입안에 달라붙지도 않을 뿐 아니라 오히려 개운해지니 말이다. 곰곰이 생각해보니 아끼바레 같은 차진 쌀이 결코 좋지 않다는 것을 느끼는 순간이었다. 차진 쌀은 입안에 쩍쩍 붙으니 이를 닦을 수밖에 없을 것이다. 그런데 어디 그게 입안에만 붙을까? 오장육부 벽에도 붙을 테고 혈관 벽에도 붙지 않을까? 입안이야 칫솔질하면 되지만, 이것들은 어떻게 칫솔질할까?

베트남에 들렀다가 식당에서 베트남의 안남미(알랑미)를 먹는데 자광미와는 달랐지만, 입안에 달라붙는 게 없는 것은 비슷했다. 20년 가까이 현미를 먹어온지라 나는 안남미가 의외로 먹을 만했다. 같이 간 다른 사람들보다 맛있게 먹고 있으니 가이드가 재밌는 얘기를 해준다.

"안남미 먹고 뀌는 방귀가 뭔지 아세요?" 질문만 듣고도 사람들은 박장대소했다. 한국전쟁 후 구호미로 안남미가 많이 들어왔는데 그 쌀만 먹으면 배 속에 남는 게 없는 것처럼 소화가 잘돼 방귀가 잘 나온 모양이었다.

베트남같이 열대지방에 사는 사람들은 차진 쌀을 먹지 못한다. 차진 쌀은 소화가 잘 되지 않아 몸에 오래 남으면 그들에겐 독이나 다름없다고 한다. 그래서 차진 쌀은 추운 지방에서나 먹는 쌀이다. 찹쌀떡 장수가 "찹쌀떡~, 메밀묵!"하며 겨울밤에 팔러 다니던 것도 같은 이치이리라. 하긴 무더운 장마철에 찹쌀떡 장수를 보지 못했으니 일리가 있는 말이다.

재배법

벼 재배법에는 크게 직파법과 이앙법이 있다. 직파법은 모를 키우지 않고 씨앗을 직접 심는 것이다. 논에 물을 담아 파종하는 담수(湛水)직파법이 있고, 물을 말려 밭에서처럼 심는 건답(乾畓)직파법이 있다. 직파를 하면 파종 날은 음력으로 3월 중순, 절기로는 4월 하순의 곡우와 5월 초순의 입하 사이가 좋다.

 논은 둑 정비와 바닥 수평잡기가 중요하다. 둑을 잘 정비해서 물도 새지 않게 하고, 풀도 잡기 쉽게 해야 한다. 바닥 수평을 제대로 못 잡으면 물을 담아도 바닥이 드러나는 곳이 생기고 그곳엔 풀이 잘 자라 제초하기 어려워진다.

 건답직파는 담수직파에 비해 파종하기가 수월하다. 담수직파는 논에 들어가지 못하고 둑에서 씨앗을 살포해야 하니 고르게 파종하기 어렵다. 반면 건답직파는 밭에서처럼 고르게 파종할 수 있다. 담수직파는 싹을 내는 데 유리하고, 새가 씨앗을 파먹는 것도 예방할 수 있다. 건답직파는 파종하기는 쉬워도 새 피해를 막기가 어려운 단점이 있다. 벼는 장마 때나 태풍 그리고 가을비에 잘 쓰러지는데 직파는 잘 쓰러지지 않는다. 뿌리를 깊게 내리기 때문이다.

 이앙법은 모내기이다. 음력 3월 중순 전, 절기로 곡우쯤 못자리를 만들고 육묘상자에 상토를 담는다. 씨앗을 파종한 후 못자리에 옮겨 물을 담아 모를 키운다. 요즘은 물주기가 쉬워 못자리가 아닌 비닐하우스에 육묘상자를 놓아 매일 물을 주며 키운다. 육묘는 최소 5개의 잎줄기를 키워 모내기한다. 기간으로는 35일에서 40일 정도 된다. 모를 낼 때는 본 논의 물을 5cm 정도 담아 모를 심는다.

벼 파종할 때는 종자 선별이 중요하다. 소금물을 담아 튼실한 종자를 선별하는 염수선(鹽水選)이 제일 쉽고 좋다. 장 담글 때 하듯 날달걀을 띄우는 것이다. 달걀이 누워 뜰 정도로 하면 농도가 아주 진해 좋은 씨앗을 선별할 수 있다. 소금물에 담갔기 때문에 소금기가 볍씨에 묻어 있지만 큰 피해가 없으니 물에 씻지 않고 그냥 심는다.

벼는 직파를 하든 모내기를 하든 풀 매주는 게 관건이다. 거름은 평당 5kg에서 10kg 정도 주고, 이삭 팰 때쯤 이삭거름을 웃거름으로 더 준다. 수확할 때는 서리 맞기 전에 하고 수확하고 알곡을 털면 햇빛에 잘 말려야 한다. 특히 현미를 먹으려면 잘 말려야 하는데 알곡을 씹었을 때 파삭하고 씹힐 정도로 말린다. 왕겨 벗기는 것을 도정이라 하며 소량이면 절구로 찌어도 되지만, 양이 많으면 가정용 도정기를 이용한다.

종류

벼는 다양한 기준으로 구분할 수 있다. 재배 장소를 기준으로 밭벼와 논벼, 학명으로 자포니카벼와 인디카벼, 입맛에 따라서는 메벼와 찰벼가 있다. 밭벼는 대부분 찰벼이지만 메벼도 있다. 우리나라는 가뭄이 심한 나라여서 밭벼가 의외로 많다. 또 일제강점기에 논벼를 군량미로 강제 공출해가는 바람에 밭벼를 몰래 산에다 심어 산도(山稻)라고 했다는 말도 있다. 논이 귀한 제주도에서 중산간에 밭벼를 심어 이를 '산듸'라고도 했다. 다른 말로는 산두라고도 하고 육도(陸稻)라고도 한다.

자포니카벼는 일본 사람들이 선점해서 자기들 이름을 따 지은 것인데 우리가 먼저 선점했다면 코리아나벼쯤 되었을 것이다. 실제로 자포니카벼는 거의 우리와 일본에서만 먹고 대부분의 지역에선 인디카벼를 먹는다. 우리와 일본의 자포니카도 차이가 있는데 일본 게 좀 더 차지고 우리 것은 덜 차진 게 특징이라 했다.

일본 쌀인 아끼바레가 배고픈 전후 시절에 들어와 차진 쌀에 대한 갈망이 생긴 것 같다. 매일 거친 보리밥이나 먹던 우리에게 기름기가 줄줄 흐르고 차진 아끼바레쌀은 그야말로 환상이었다. 아끼바레는 일본식 한자 표기를 따라 추청(秋晴)벼라고도 하는데 1970년대 이후 장려품종으로 보급되기 시작했다. 최근엔 아끼바레쌀의 후손이라 할 만한 고시히까리라는 쌀이 유행인데 일본만이 아니라 우리나라에도 많이 재배되고 있다. 일본 사람들은 최고로 맛있는 쌀이라 극찬을 하지만, 정확히 말하면 가장 차진 쌀이라 해야 맞을 것이다.

그런데 아끼바레쌀이 마치 맛있는 밥의 대명사가 된 것은 통일벼가 보급되기 시작하면서일 것이다. 통일벼는 인디카벼를 모본으로 육종한 벼라 인디카쌀에 가까운데 말 그대로 매우 거친 밥이어서 밥알이 날아다닌다 했다. 이 거친 통일벼는 나라에서 보급하는 데다 나라의 비축미로 사들였다가 한 해 지나 시장에 공급하니 더 거칠어 밥맛이 없는 쌀의 대명사가 되었다. 이에 비해 아끼바레는 기름기가 흐르고 차진 쌀인데다 수확한 것을 시장에서 바로 살 수 있어 일반미라 했다. 그러니까 통일벼와 묵은쌀은 정부미, 아끼바레와 햅쌀은 일반미라 칭했던 것이다.

정부미도 정부미지만 이전부터 재배해오던 토종벼에 비해서도 아끼바레에 대한 갈망은 대단했다. 통일벼, 정부미만큼은 아니어도 재래벼도 아끼바레에 비해서는 거친 밥이었다. 우리 재래벼, 토종벼는 일본 쌀에 비해 덜 차진 게 특징이니 그럴 수밖에 없었다. 통일벼 같은 거친 밥은 가난한 밥, 일반미 같은 차진 밥은 부자밥이라는 고정관념이 더욱 굳어지게 된 계기였다.

우리 토종벼의 종류는 일제강점기 농가 조사에 따르면 이름 있는 게 1,500여 가지나 되었다고 한다. 그때는 가난하게 먹었어도 종자는 풍부했던 것이다. 이름 없는 것까지 합치면 대략 적어도 2천여 가지는 넘었을 것으로 추정한다. 그중에 우리 종자은행에 보관되어 있는 종자는 400여 가지라고 하니 참으로 부끄러운 일이 아닐 수 없다. 그조차 현장에서 재배되고 있는 게 아니라 은행에서 잠자고 있다는 게 더 문제다.

지금 우리가 먹는 벼는 몇 가지나 될까? 민망할 정도로 적은데, 약 50여 가지라 한다. 그것도 모두 장려품종으로 일종의 교잡종들이어서 몇 년에 한 번씩은 갱신해야 하는 종자들이다. 지금 우리는 배불리 먹고 있기는 하나 종자는 사라지고 있는 시대에 살고 있으니 배부르다고 안심할 일이 결코 아니다. 언젠가는 그 대가를 치를 때가 올 텐데 늦었지만 이제라도 종자를 직접 받아 심는 토종 농부가 되면 더욱 좋겠다.

⑳ 옥수수

옥수수는 농사도 쉽고 키우는 재미, 먹는 재미도 쏠쏠한 곡식이다. 생육기간도 90일밖에 되지 않아 한 해 두세 번 키워 먹을 수 있다. 한여름 삶거나 쪄서 뜨거운 옥수수를 먹는 맛이 참으로 신기하다. 날씨가 더우면

과(科)	파종 시기(중부 지방 기준)		이용 부위	개화 특성	채종 시기
	직파	모종(육묘는 별도) 심기			
벼과	4월 하순 (음력 3월 중선 전) 곡우	5월 또는 6월 하순 (음력 4월 또는 5월 중순 전) 소만 또는 하지	알곡	중일성	7월 하순 (음력 9월 하순)

 시원한 게 당기는 법인데 찐 옥수수를 보면 입맛이 당긴다. 특히 비오는 장마철엔 찐 옥수수가 제맛이다.
 그런데 옥수수는 식량으로 적당한 곡식이 아니다. 옥수수는 밀이나 보리, 쌀에 비해 단백질도 모자라 주식으로 삼기에 적당하지 않다. 남미 마야 문명은 옥수수를 주식으로 한 탓에 국가를 크게 키우지 못하고 도시국가밖에 만들지 못했다. 도시국가의 크기가 왕궁을 중심으로 걸어서 이틀이나 사흘 정도면 갈 수 있었다고 한다. 전해오는 재밌는 얘기 중엔 전쟁을 나갔다가 승리가 눈앞에 보이는데도 집에 두고 온 옥수수를 수확하기 위해 병사들이 승리를 포기하고 집으로 돌아갔다는 웃지 못할 얘기가 있을 정도다.*
 옥수수는 신기하게도 엄청난 다비성 곡식인데 연작이 가능하다. 땅의 양분을 무진장 빼 먹는 작물인데 연작을 해도 문제가 없다고 하니, 땅의 양분을 얼마나 수탈하겠는가?
 토종 종자를 수집하러 한 농가에 갔다가 신기한 장면을 보았다. 옥수수가 이미 크게 자라고 있는데 바로 옆에 또 옥수수를 심었다. 그 옥수수가 자라면 바로 옆에다 또 옥수수를 심을 거라고 한다. 한자리에다 세

---

* 제레드 다이아몬드 앞의 책, 234쪽

번을 심어 먹는 것이다. 옥수수는 자라는 데 지장이 없을지 모르지만, 그 땅은 얼마나 힘들까 우려되었다.

남미의 원주민들은 옥수수 연작으로 땅이 망가지면 새로운 땅을 찾아 산 위로 올라갔다. 옥수수는 가뭄에 강한 작물이어서 비탈진 산에서도 얼마든지 재배할 수 있다. 아마도 마추픽추처럼 고산에 문명을 일굴 수 있었던 것도 옥수수 때문이지 않았을까 싶다.

우리 조상들은 옥수수를 단작하지 않고 콩밭 둘레 같은 데에다 심었던 것을 보면 옥수수가 땅을 망가뜨린다는 것을 알았던 것 같다. 주식으로 삼기에는 양분이 부족한 것도 알았는지 군것질 정도로 여겼다.

옥수수를 죽으로 끓여 먹으며 본격적인 주식의 하나로 먹기 시작한 사람들은 이탈리아인이었다. 그런데 이탈리아인에게 희한한 병이 생기기 시작했다. 그것이 옥수수 때문이라는 것을 알기까지는 꽤 오랜 세월이 걸렸다. 현대화된 도정기가 껍질을 너무 깨끗하게 깎아버리는 바람에 비타민이 결핍되어 쌀을 주식으로 하던 일본인들에게 각기병이 생긴 것처럼, 옥수수도 너무 껍질을 바짝 깎은 탓이었다.

| 옥수수와 수수

옥수수는 생육기간이 짧아 두세 번 심어 먹어도 되지만, 사실 늦게 심으면 벌레가 많이 생겨 먹기가 곤란하다. 6월 넘어 심으면 10월쯤 수확할 수 있는데 이때가 되면 이삭 자루를 갉아 먹는 조명나방 애벌레가 많이 생긴다. 이렇게 늦게 심는 옥수수에는 다른 용도가 있다. 조명나방 애벌레는 기생벌의 숙주로 알려져 있다. 기생벌은 종류도 많고 개체수도 많고 특히 진딧물 잡아먹는 데 도사다. 이 시기에는 배추나 고추 등 채소에 진딧물이 많이 달라붙어 피해가 심한데 옥수수를 늦게 심으면 기생벌을 많이 불러들여 진딧물 해결할 수 있다.

재배법

옥수수는 참으로 재배하기가 쉽다. 거름만 많이 주면 되는데 평당 10kg 정도의 퇴비를 준다. 워낙에 다비성이라 숙성되지 않은 거름을 주어도 잘 자라지만, 땅에는 좋지 않으니 반드시 숙성퇴비를 주도록 한다. 파종은 곡우 지나서, 음력으로는 3월 중순 이후에 하는 게 좋다. 그리고 한 달 지나서 또 심으면 수확도 한 달 간격으로 할 수 있다.

옥수수는 타가수정 작물, 즉 남의꽃가루받이 작물로 유명하다. 500m 반경 안에 다른 종류의 옥수수만 있어도 금방 씨가 섞인다. 옥수수 중에 알록달록한 것이 바로 다른 종자가 섞인 잡종 옥수수로 크세니아 현상이라 한다.

대학찰옥수수로 유명한 충북 괴산에선 다른 옥수수를 심으면 종자가 오염될 우려가 커서 농가들 스스로 다른 종자를 심지 않는다. 그러다 보니 토종 옥수수가 사라지고 있다. 옥수수는 종자가 잘 섞이다 보니 옛날에는 순종을 유지하기 위해 씨앗 받을 옥수수를 자기만 아는 산속에다 심었다고 한다. 새가 먹고 벌레가 먹더라도 씨앗 정도는 받을 수 있었다.

아무튼 이런 옥수수의 특성 때문에 심을 때 한 포기에 두 그루씩 심는 게 좋다. 자기 씨를 받으면 수정이 잘 안 되기 때문에 옆의 옥수수 씨를 받아 수정하게 하도록 하기 위해서다. 옥수수는 한 그루당 이삭 자루를 한 개씩 달리도록 하는 게 좋다. 보통 두세 개씩 달리는데 하나만 남겨놓고 질러버린다. 때에 따라서는 두 개의 자루를 키울 수도 있는데 거름을 많이 주었거나 옥수수 생육 상태가 좋을 때 그렇게 한다.

옥수수는 콩밭에 혼작으로 심어도 좋다. 콩은 땅을 기름지게 하는 작물이어서 옥수수로 인해 토양이 척박해지는 것을 예방할 수 있다. 아메리카 인디언들은 여기에 호박까지 심어 '세 자매' 농법이라 했다.

두둑을 10cm 이상 만들어 콩을 기본 작물로 심는다. 옥수수를 군데군데 심은 후 호박은 간격을 더 벌려 듬성듬성 심는다. 옥수수가 크면 호박넝쿨이 올라타게 된다. 이렇게 하면 거름도 절약하고 풀도 덜 극성을 부린다. 다만 조선호박을 심으면 너무 무성해서 콩에 피해를 줄 수 있으므로 넝쿨이 덜 무성한 마디호박이나 아니면 오이를 심는 게 나을 수 있다.

종류

옥수수는 벼처럼 찰옥수수와 메옥수수가 있으며 토종으로는 검은찰옥수수가 대표적으로 많다. 말 그대로 검은색의 빛깔이며 자루는 좀 잘다.

토종을 수집하러 농촌을 답사하러 다니다 힘들게 검은찰옥수수를 구한 적이 있었다. 토종의 멸종 속도가 갈수록 빨라 예상은 하고 있었지만, 특히나 옥수수는 더 찾기가 어려웠다. 그러다 토종 옥수수를 몰래 키우던 농부를 드디어 만날 수 있었다. 몰래 심은 이유는 마을 사람들이 대부분 상품성 좋은 잡종 옥수수를 많이 심어 종자가 섞일까 봐 주위에서 별로 좋아하지 않아서였다. 나는 왜 힘들게 토종을 심는지 궁금했다.

"맛도 덜하고 돈도 안 되는 토종을 왜 심습니까?"

"조상님이 물려준 씨앗인데 어떻게 내 대에 끊겠습니까?"

씨앗을 얻고 돌아서는 길에도 그분 말이 내 귀에서 떠나질 않았다. 토종을 구하러 다녀보면 재미있는 일이 적지 않다. 신기한 것은 토종 종자를 가진 분들은 대개 친절하고 마음이 후했다는 것이다. 손님을 반기는 것은 물론이고 토종 종자를 내주는 데 인색함이 없었으며 종자 자랑도 끝이 없었다. 반면 토종을 갖지 않은 분들은 대체로 인색한 경우가 많았다. 하지만 이것이 개인의 인심에 달린 문제가 아니라는 점은 분명하다. 상업농을 하는 사람들은 대부분 토종이 없는 경우가 많고, 그분들의 농사는 규모도 크고 농산물을 시간에 맞춰 내야 하기 때문에 늘 바쁘고 정신이 없다. 그러니 우리 같은 사람들이 찾아오는 것을 반길 리 없다. 반면 토종을 가진 분들은 대개 할머니들이다. 그분들은 상업농보다는 도시에 사는 자제들 먹을 것이나 가족들 먹을 자급자족농인 경우가 많다. 규모도 작고 소출보다는 비용을 아끼려다 보니 씨도 돈 주고 사지 않고 직접 채종해 쓸 수 있는 토종을 선호한다. 시간에 쫓길 일도 없으니 우리 같은 손님을 반가워한 것이리라.

찰옥수수는 검은색만 있는 것이 아니다. 내가 몇 년 전부터 심어 먹는 것이 바로 흰색찰옥수수인데 일명 제천찰옥수수다. 검은찰옥수수와 달리 알곡의 색이 하얗고 자루가 적당한 찰옥수수다. 제천에서 심어 먹던 재래종이라 이름이 그렇게 붙여졌다.

  강원도 옥수수가 유명한 것은 찰이 아닌 메옥수수였다. 알이 큰 편으로 보통 찰옥수수의 두 배는 된다. 메옥수수는 맛이 덜하지만, 물리지 않아 식량이 되었다.

  독특한 옥수수로는 쥐이빨옥수수가 있다. 마치 쥐 이빨처럼 알이 잘고 뾰족뾰족하다. 색깔은 약간 검붉은 색이며 자루도 매우 작다.

  한번은 연변의 조선족 동포로부터 그곳의 옥수수 토종을 얻은 적이 있는데 심어보니 노란색 옥수수였다. 그러다 우연한 기회에 중국 윈난성에 가보니 주식처럼 심어 먹는 옥수수가 있었는데, 바로 노란색 옥수수였다.

  잡종 옥수수로 유명한 것은 역시 대학찰옥수수와 미백찰옥수수다. 이 옥수수들이 인기가 있는 것은 껍질이 얇아 이빨 사이에 끼지 않고 맛이 차지기 때문이다. 잡종이지만 둘 다 아주 훌륭한 옥수수 종자라 할 만하다. 다만 잡종 옥수수라 채종해서 심어도 제대로 된 알곡이 열리지 않는다. 쭉정이가 나오기 십상인데 설령 제대로 된 알곡이 나온다 해도 이는 저작권이 있는 옥수수라 채종해 심으면 안 되고 그 수확물을 판매하면 불법이 된다.

씨받기

앞에서 말했듯이 옥수수는 타가수분 곡식이라 반드시 두 포기를 한 그루로 해서 심어야 한다. 한 포기에선 하나의 자루만 남겨 키운다. 특히 씨 받을 것은 더욱 그래야 한다. 씨로 쓸 자루는 하나만 채취해선 안 된다. 잘 자란 여러 포기에서 보기 좋고 큰 자루를 채취하여 햇빛에 잘 말렸다가 처마 밑처럼 바람 잘 통하는 그늘에 걸어두면 된다.

㉑ 밀

과(科)	파종 시기(중부 지방 기준)	이용 부위	개화 특성	채종 시기
벼과	10월 초순(음력 9월 중순 전) 한로	알곡	장일성	6월 하순(음력 5월 하순)

밀은 쌀, 옥수수와 함께 인류의 3대 식량 중 하나다. 밀은 벼와 달리 겨울을 난다. 그래서인지 밀과 벼는 참으로 다르다. 한의학에서는 벼는 따뜻한 음식이고 밀은 찬 음식이라 했다.

밀은 매우 독특한 성격을 가진 곡식이다. 보리나 벼, 호밀, 귀리 같은 대개의 곡식은 탈곡도 어렵지만, 알곡의 껍질인 왕겨가 싸고 있어 벗겨 먹기도 쉽지 않다. 그래서 옛날엔 왕겨를 벗기기 위해 불에 살짝 그슬렸는데 그렇게 껍질을 벗겨 가루를 내면 발효가 되질 않았다. 반면 밀은 탈곡도 아주 쉬운 데다 탈곡하자마자 왕겨가 절로 벗겨져 불에 그슬릴 필요가 없었다. 그렇게 해서 빵이 만들어졌다.

빵은 인류에 큰 영향을 끼쳤다. 빵은 저장성이 뛰어나다는 것이 특징이다. 빵을 만들면 몇 날 며칠을 두고두고 먹을 수 있다. 또한 밀은 곡식 중에서도 단백질이 제일 풍부하다. 이는 많은 사람들이 농사짓지 않고도 먹고살 수 있는 환경을 만들었다. 이게 뭐가 큰 특징일까? 저장성이 높고 단백질이 풍부하다는 것은 농사짓지 않고도 살 수 있는 사람들을 많이 양산할 수 있다는 점이다. 농사짓지 않는 사람들은 거대한 역사(役事) 건설이나 전쟁에 동원되었다. 이집트에서 거대한 피라미드를 지을 수 있었던 것도 그 때문이었다. 게다가 이집트 나일 강 주변은 천혜의 밀

| 갓 올라온 이삭과 잘 익어 누런 이삭

농사지대였다. 1년에 한 번씩 강이 범람하며 영양가 풍부한 상류의 부엽토를 중·하류 강 주변과 삼각주 지역에 공짜로 퍼 날랐다. 그렇게 새 흙을 퍼다 주니 연작피해도 없이 밀 농사를 공짜로 할 수 있었다. 물을 주지 않아도 괜찮았다. 물기가 촉촉한 흙이 저절로 쌓이니 얼마나 은혜로운 하늘의 혜택인가?

게다가 밀 농사는 겨울을 나기 때문에 일이 없다. 벼는 풀이 무성한 여름을 나기 때문에 일이 많다. 오죽하면 쌀 미(米)자를 팔(八)자와 십(十), 팔(八)자가 합쳐진 것으로 보고, 농부의 손길이 여든여덟 번이나 닿아야 수확할 수 있다고 했을까?

그런데 벼농사가 잘되는 우리 같은 몬순기후 지대에는 겨울이 추워 밀 농사가 잘 안 된다. 또 열대지역에선 너무 더워 안 된다. 밀 농사가 잘되는 지역은 겨울이 덜 춥고 비가 적당히 내리는 지역이 좋다. 유럽이나 중동 지방, 중앙아시아가 그런 지역이다. 이 지역은 여름이 덥지만 건조하여 작물이나 풀이나 잘 자라지 않는다. 이런 특징 때문에 목초지가 잘 형성되어 가축을 방목, 유목하기 좋다. 그래서 밀 지역에서는 유목과 목축을 병행하는 게 자연스럽다. 그러니까 쌀 먹는 벼농사 지역에선 단백질을 콩으로 보충했다면, 밀 먹는 지역에선 단백질을 고기로 보충했을 뿐만 아니라 육식 국가라 할 정도로 고기를 많이 먹게 되었다.

그러나 우리 조상들은 밀을 좋아하면서도 밀을 주식으로 먹는 걸 경계했다. 밀의 글루텐이라는 단백질 성분을 소화하기 힘들어서인지 밀을 개떡이라 해서 하찮게 부르기도 했고, 한약을 지어 먹으면 꼭 밀 음식을 먹지 말라고 했다. 그런데 쫄깃한 서양 밀이 전후 원조식량으로 들어왔고 이후로도 아주 싼 가격으로 수입되었다. 게다가 글루텐 함유량이 높아 빵으로도 잘 만들어지고 맛도 좋아 금세 우리 밀의 자리를 빼앗았다. 그에 비해 우리 밀은 가격도 비싸고 글루텐 함유량이 낮아 덜 쫄깃하고 맛도 푸석푸석했다. 우리 밀은 금방이라도 사라질 듯 보였다. 하지만 앞서 토종 옥수수를 홀로 지켰던 농부님처럼 조상이 물려준 것을 이어온 민간 농부들의 노력으로 다시 우리 밀을 찾게 되었다.

재배법

밀 농사는 아주 쉽다. 흔히들 '건달 농사'라 한다. 건달처럼 놀면서 해도 되는 게 밀 농사다. 한번은 호기심에 콩 심은 자리에 풀도 안 매고 밑거름도 주지 않고 밀을 심었다. 밀이 자라는 중에도 풀을 매거나 웃거름도 하지 않았다. 그런데도 밀 농사는 전혀 문제가 없었다. 콩을 심었던 밭이라 기본 양분이 있고 밀을 심고 나서는 곧 겨울이 오기 때문에 일반 풀들은 이미 모두 죽었다. 또한 다른 풀의 성장을 억제하는 타감물질을 많이 내뿜어 봄이 되어도 풀이 맥을 추지 못했다.

그런데 요즘엔 풀을 최소한 두 번 정도는 맨다. 밀 사이사이로 풀이 있어 수확하기 귀찮고, 탈곡하면 풀씨도 섞여 먹기 불편하기 때문이다.

또한 콩으로만 밑거름을 확보하니 양분이 약간 부족해 웃거름만 오줌으로 세 번 준다. 그래도 여전히 밀은 파종하고 수확할 때까지 별로 일이 없는 곡식이다. 밀 파종은 중부 지방 기준으로 음력 9월 초순이 좋다. 절기로는 한로 무렵인데 가끔 한로가 음력 8월에 올 때도 있으니 그런 때는 좀 늦게 심는다. 단, 주의할 점은 연작피해가 있으니 2, 3년에 한 번은 땅을 옮겨 심어야 한다. 되도록 콩 심고 난 밭에 심는 것이 좋다. 콩밭에 심으면 밑거름을 안 해도 되지만 하면 더 좋다. 마른 땅이면 평당 5kg 이내로 주면 된다.

수확한 후 2, 3일 말린 다음 탈곡하는데 특별한 도구가 없다면 손으로 묶은 밀단을 절구통 같은 데다 내리쳐도 아주 잘 털린다. 그조차 없으면 작대기로 때려도 된다. 씨로 쓸 것은 알도 많이 달리고 잘 여문 이삭의 포기를 일주일가량 일찍 수확해 따로 말린다. 씨로 쓸 것은 풋것을 채취해서 후숙시킬수록 좋다. 잘 턴 다음 키질로 까불려서 그중에서도 잘 여문 튼실한 놈들만 씨로 채취한다. 더 말렸다가 바람 잘 통하는 건조한 곳에다 보관하면 된다.

종류

보리는 대맥(大麥)이라 했고 밀은 소맥(小麥)이라 했다. 생김새나 용도 면에서나 여러모로 그 뜻이 맞는 것 같다. 보리는 까락이 훨씬 길고 알곡도 커서 대맥이라 할 만하다. 밀과 달리 주식으로도 손색없는데, 밀은 오히려 맛있기 때문에 주식으로는 금방 물린다. 보리는 맛은 없어도 깊고 구수한 맛이 있어 주식으로 충분하다. 다만 더울 때 먹는 음식이어서 우리에게는 찬바람 불기 전까지 한철 먹는 음식이었다. 또한 밀은 벼와 이모작이 안 되지만 보리는 된다. 그래서 보리는 대맥으로 대접을 받을 만했다. 우리 밀의 대표적인 종자로는 앉은뱅이 밀이 있다. 이 밀은 세계 밀 시장을 석권한 서양 밀의 할머니뻘 되는 종자다. 서양 밀이 키가 커서 잘 쓰러지자 그 약점을 보완하기 위해 작게 육종하려는 노력이 이어졌다. 나중에야 앉은뱅이 밀을 모본으로 해서 육종한 작은 일본밀이 지금 서양 밀의 모본이 되었다는 사실이 밝혀졌다. 원래 우리 토종 밀은 일제강점기 때 일본 조사에 의하면 90여 종이 있었다. 하지만 안타깝게도 한국전쟁 후 원조밀이 쏟아져 들어오면서 거의 다 사라졌다. 들녘